Holger Fischer

Der abrahamitische Gott

Wer ist das?

Machtwort
Machtwortverlag

Bibliografische Information der Deutschen Nationalbibliothek
Die Deutsche Nationalbibliothek verzeichnet diese Publikation in der Deutschen Nationalbibliografie; detaillierte bibliografische Daten sind im Internet über
http://dnb.d-nb.de abrufbar

Machtwortverlag * Orangeriestr. 31 * 06847 Dessau
Tel.: 0340-511558

Satz, Cover und Layout: Grafikstudio Lückemeyer, Dessau
Coverbild: Miriam Kaniß

1. Auflage 2011

ISBN 978-3-86761-094-0

Vorwort

Diese Lektüre befasst sich mit der Frage, wer der abrahamitische Gott ist und möchte herausfinden, warum sich aus einem abrahamitischen Gott, drei Welt beherrschende Religionen entwickeln konnten.

Begeistert und fasziniert beschäftige ich mich seit mehr als 20 Jahren mit diesem Gott, weswegen ich mich entschlossen habe, meine bisherigen Erkenntnisse, Recherchen und Ergebnisse in diesem Text zusammenzufassen.

Anschließend möchte ich mich an die Frage wagen: Ist dieser abrahamitische Gott existent, oder ist er es nicht?

Es geht in dieser Lektüre also nicht um die allgemeine Gottesfrage. Es geht ausschließlich um den, durch die drei Religionen, Christentum, Islam und Judentum alles beherrschenden Gott, dieser, unseren Erde.

Ich bin kein gelernter Autor oder Schriftsteller, kein Naturwissenschaftler, kein Theologe und auch kein Mathematik- und Physikgenie. Eher passt die Beschreibung „bauernschlau“ zu mir.

Mit der mir angeborenen Dummheit möchte ich mich an dieses Abenteuer heranwagen. Anders ausgedrückt: Mehr instinktiv und intuitiv, als wissenschaftlich fundiert.

Ich bin sicher, auch sie, liebe Leser, werden noch erstaunliches und faszinierendes zu diesem Thema lernen können. Spannung ist im wahrsten Sinne des Wortes sicher – die Spannung, wovon sie nach dieser Lektüre selber überzeugt sind: Pro oder Contra abrahamitischer Gott? Viel Spaß beim Lesen!

Unsere Welt beherrschenden Religionen, Islam, Christentum und Judentum gründen auf ihren Stammvater Abraham. Deshalb nennen sich diese Religionen abrahamitische Religionen, wozu auch das Bahaitum gehört. Das Bahaitum soll aber wegen weltpolitischer Bedeutungslosigkeit nicht in dieser Lektüre behandelt werden.

Dieser abrahamitische Gott hat unter vielen Eigenschaften, eine ganz zentrale Eigenschaft in allen, diesen drei Religionen:

Er ist der Schöpfergott!

Bekannt durch das Zitat: „Am Anfang schuf Gott Himmel und Erde“

Aufgrund der Mitgliederzahlen des Christentums (geschätzte 2 Milliarden weltweit) und des Islams (geschätzte 1,3 Milliarden weltweit), wird jedem

Leser einleuchten, warum ich diese beiden Religionen als Welt beherrschend einstufe.

Diese Einstufung ist für das Judentum mit einer lächerlichen Anhängerschaft von geschätzten 13 Millionen weltweit nicht wirklich nachvollziehbar. Ich Stufe diese Religion dennoch unter die ersten 3 Religionen ein, mit Welt beherrschendem Charakter.

Seien Sie ehrlich: Wie oft hören sie vom Nahost-Konflikt? Wie lange hören sie bereits davon? Nahezu täglich und das seit Jahrzehnten. Wenn die Nachrichtenlage derart vehement ist, liegt auch Welt beherrschender Charakter vor – so einfach ist das, wenn man bauernschlau ist!

Es gibt sowohl beim Christentum und Islam als auch beim Judentum noch jeweils zahlreiche Untergruppierungen – Ihnen bekannt werden beispielsweise sein, beim Christentum: Protestanten, Katholiken, Orthodoxe. Möglicherweise haben Sie auch von sunnitischen und schiitischen Anhängern des Islams gehört.

Meine Fragestellungen, Analysen und Intentionen beziehen sich allerdings auf die Obergruppierungen. Deshalb soll die Einteilung: Christentum, Judentum und Islam für diese Lektüre gelten und das ist auch völlig ausreichend.

Zu Anfang dieser Lektüre möchte ich sie bitten, ehrlich zu sein und folgende Frage zu beantworten:

Gibt es den abrahamitischen Gott? (Unabhängig, ob christlich, jüdisch oder islamisch – bisher ist er schließlich noch völlig identisch und es gibt keinerlei Unterschiede)

Antwort a: Ja – zu 100%
Antwort b: Ich bin mir nicht sicher, gehe aber davon aus
Antwort c: Ich bin mir nicht sicher, glaube es aber eher nicht
Antwort d: Nein – den gibt es garantiert nicht

So – ich habe mein Kreuzchen gesetzt und die Frage beantwortet. Natürlich werde ich ihnen meine Antwort nicht verraten. Ich will sie nicht beeinflussen!

Eine sehr spannende Frage ist: Wenn doch der abrahamitische Gott der Christen, der Juden und des Islams identisch ist, warum kann es denn überhaupt diese unterschiedlichen Glaubensrichtungen geben?

Um diese Frage klären zu können, müssen wir eine kleine, biblische Zeitreise unternehmen.

Christen, Juden und Muslime sind sich (weitestgehend) einig in den Punkten:

- Schöpfergott und Schöpfungsgeschichte („Am Anfang schuf Gott Himmel und Erde")
- Das praktische Leben von Adam und Eva im Paradies
- Das brechen Adams und Evas des Verbots Gottes („verbotene Frucht")
- Die „Schlange" hat Eva zum brechen des Verbots überredet
- Rauswurf Adam und Evas aus dem Paradies (sprich: Nun sind sie auf der Erde gelandet)
- Die ersten beiden Kinder von Adam und Eva – Kain und Abel
- Die Geschichte Noahs („biblische Sintflut")
- Völkertafel
- Turmbau zu Babel

Das ist nur eine ganz grobe Chronologie, die keinen Anspruch auf Vollständigkeit erhebt.

Interessant wird es ab jetzt:

Die Geschichte von Abraham, dem Stammvater. Damit sie verstehen können, worauf sich die Unterschiede stützen, zwischen diesen drei Religionen und wann diese Abzweigungen entstanden sind, muss ich auf den biblischen Abraham etwas näher eingehen. Ich möchte sie keinesfalls mit Bibelgeschichten zutexten und auch nicht mit Zitaten. Es lässt sich an dieser Stelle dennoch nicht verhindern, ihnen einen ganz groben Überblick des Geschehens zu vermitteln:

Passiert ist folgendes: Gott meldete sich bei Abraham und verhieß seinen Nachkommen (also den Nachkommen Abrahams) das gelobte Land – Kanaan. Daraufhin machte Abraham sich mit seiner Frau Sarah und seiner Familie und seinem Neffen, Namens Lot und dessen Familie auf die Reise.

Dürre bedingt hielt sich Abraham eine zeitlang in Ägypten auf – trennte sich von Lot, welchen es in das Tal von Sodom zum siedeln gezogen hat.

Kurze Zeit später erscheinen Abraham drei Engel, welche nochmals den Plan Gottes bestätigen und dem Abraham trotz seines hohen Alters binnen Jahresfrist einen Sohn vorhersagen (Was Gott selber vorher auch bereits machte). Aufgrund der Sünden in den Städten Sodom und Gomorrah hatte Gott beschlossen, die Menschen in diesen beiden Städten zu vernichten. Abraham bittet um Nachsicht, Gott möge doch bitte keine Unschuldigen umbringen. Dieser Bitte wird entsprochen. Übrig bleibt nur Lot und seine Ehefrau, welche beim Anblick dieses Grauens zur Salzsäule erstarrt. (Der Anblick war wohl verboten – also war es weniger ein Schock, sondern wohl eher Strafe).

Nun strengen sich Abraham und seine Frau, nennen wir sie der Einfachheit halber Sarah, an, endlich den notwendigen Sohn, welchem Gott schließlich einiges verheißen hat, auch zu bekommen. Ich möchte auf die für ein solches Vorhaben notwendigen Praktiken nicht näher eingehen. Ob sie es im Liegen, Stehen, per Reiter- oder Missionarsstellung versucht haben, geht aus den Überlieferungen nicht eindeutig hervor.

Die ganze Liebesmüh bleibt jedoch für die Katz und so beschließen Abraham und Sarah, um der Kinderlosigkeit zu entgehen, dass Hagar, eine Magd Sarahs, als Gebärmaschine herhalten muss.

Nun klappt es auch – und Ismael kommt zur Welt. Mit folgenschweren Konsequenzen, wie ich ihnen schon jetzt verrate!

Ich stelle gerade fest, dass die Namensgebung Sarah oder Sarai doch nicht so ganz nebensächlich ist. Ich habe bisher sehr fahrlässig von Abraham geschrieben.

Sehen Sie, wie schnell es geht? Eine Kleinigkeit, schon ist alles verdreht und nichts passt mehr zusammen!

Korrektur: Bisher hätte es korrekt heißen müssen: Abram und Sarai!

Gott tadelt das Verhalten nämlich wegen Unglaubens. Deshalb schließt er mit Abram und Sarai einen Bund, indem er sie umtauft in Abraham und Sarah und als Zeichen zur Bestätigung des Bundes zusätzlich die Beschneidung aller männlichen Nachkommen vorschreibt.

Kurze Zeit später gebärt die nun korrekt heißende Sarah, also die richtige Ehefrau des nun korrekt heißenden Abrahams, endlich ihren Sohn – Isaak. Zu diesem Zeitpunkt ist Abraham 100 Jahre alt und Sarah ist 92 Jahre alt.

Auf Forderung von Sarah werden Ismael und Hagar nun in die Wüste geschickt, damit sie – nennen wir es einfach – krepieren. Gott rettet sie allerdings – was er besser nicht getan hätte.

Denn eines ist klar: Nun bekommen Isaak und Ismael weitere Nachkommen. Wie sie alle heißen, ist mal egal.

Es ergeben sich Schwierigkeiten mit katastrophalen Folgen: Für Juden und Christen ist Isaak der rechtmäßige Nachkomme Abrahams, dem die Verheißung Gottes gilt. Das sehen aber die Araber nicht so ganz ein und beziehen die Stammfolge auf Ismael – wahrscheinlich mit der Begründung: Erstgeboren.

Ich möchte noch mal ausdrücklich in Ihre Erinnerung rufen: Christen, Juden und Muslime sind sich bis hierhin einig! Es gibt (noch) keinen Anlass zu Streitigkeiten.

Übrigens: Dieses Ereignis muss ca. 1.600 Jahre vor Christus stattgefunden haben, falls Sie der Zeitrahmen interessiert.

Im Grunde möchte ich nun auch weitgehend die Bibel verlassen. Dieser Grundlagenexkurs, der nicht vollständig ist und nur grob die Geschehnisse wieder gibt, musste aber sein für die Leser, die nun überhaupt keine Bibelkenntnisse haben. Natürlich werden alle Menschen mit fundierten Bibelkenntnissen dagegen hin und wieder laut schreien, weil ich nicht vorhabe, 300 Seiten voll zu schreiben, nur um alles ganz korrekt wiedergeben zu können. Also: Bitte um Nachsicht an dieser Stelle.

Nun ja – wie komme ich denn nun von der Bibel ab? Muss ich etwa noch auf Moses eingehen?

Gute Frage. Ein bisschen – ganz grob. Sorry, muss sein. Diejenigen, denen das gelobte Land von Gott verheißen wurde, sind im Laufe der Jahre irgendwie zu Sklaven geworden. In einem Land (Ägypten), welches eigentlich überhaupt nicht das gelobte Land ist. Wegen irgendeiner Naturkatastrophe (Hunger, Dürre oder so), sind diese Menschen nach Ägypten geflohen. Dort wurden sie flugs zu Sklaven gemacht und das passte Gott dann irgendwann nicht mehr.

Ungefähr so kam Moses dann zu seinem großen Auftritt (bitte, liebe Bibelexperten, lyncht mich nicht – ich möchte von der Bibel einfach ab und nur noch das allergröbste nennen).

Es gibt zwar keine historischen Fakten, dass es Moses überhaupt je gab – er ist aber eminent wichtig.

Nachdem er – als angenommener Sohn des Pharaos – richtig nett und reich aufgewachsen ist, hat er als junger Mann plötzlich Wut über die Sklaverei bekommen, hat wohl auch einen Sklaventreiber erschlagen, ist abgehauen und hat irgendwie festgestellt, dass er überhaupt kein original Ägypter sein kann. Zuflucht fand er bei einem Wüstenstamm, heiratete dort.

Nun kam Gott und machte ihm klar, er wäre der – wie nennen wir ihn – Anführer, der die von Gott für das gelobte Land bestimmten Kanaaniter aus dem Sklaventum zu befreien und in das gelobte Land zu führen habe.

Was ihm auch gelang, wie wir alle wissen. Stichpunkte:

- Zehn Plagen
- Auszug aus Ägypten
- Teilung des Meeres
- Biblischer Exodus
- Und was weiß ich noch

Moses führte seine Israeliten (hui – nun schreibe ich Israeliten – ich bin erstaunt) in das kanaanäische Land.

Laut biblischer Überlieferung dauerte die Wanderung durch die Wüste 40 Jahre. Auf dem Berg Sinai empfing Moses von Gott die zehn Gebote und sonstiges. Als er ganz alleine vom Berg zurückkam (natürlich ging er auch alleine los), sah er seine Israeliten Götzendienst verrichten und zerschmetterte vor lauter Wut die Tafeln mit den zehn Geboten.

Jetzt verlasse ich die Bibel – nur noch eines, damit Sie beruhigt schlafen können:

Moses söhnt sich mit seinen Israeliten wieder aus und fertigt die Steintafeln mit den zehn Geboten wieder an.

Die Moses-Geschichte mit allem Drum und Dran finden Sie im Pentateuch. Datiert werden diese Ereignisse auf ca. 1.200 vor Christus.

Jetzt haben wir alles, was wir benötigen um feststellen zu können, unter welchen Grundvoraussetzungen sich die drei verschiedenen abrahamitischen Religionen entwickeln konnten.

Das Judentum haben wir bereits: Moses hat das von Gott auserwählte Volk mit Gottes Hilfe in ihr gelobtes Land geführt.

Wie Sie sich bestimmt gut vorstellen können, ist nicht immer alles sofort aufgeschrieben worden (Adam und Eva, auch Kain und Abel konnten überhaupt noch nicht schreiben) und wurde von Generation zu Generation mündlich überliefert.

Entstanden sind die schriftlichen Aufzeichnungen des AT überwiegend ab ca. 600 vor Christus bis 100 nach Christus (Fertigstellung). Es gibt ganz sicher auch wenige ältere Schriftstücke.

Sicher ist: An der Bibel haben viele Autoren mitgewirkt. Es ist kein Werk einer einzelnen Person!

Genauer: Es ist eine Sammlung von vielen Einzelschriften verschiedenster Autoren, welche zu unterschiedlichsten Zeitpunkten entstanden sind!

Sehr erstaunlich ist im Übrigen: Wissenschaftler und Archäologen haben die ganze Wüste Sinai durchkämmt und keine Spur gefunden, die auf den biblischen Exodus unter Moses hinweisen würde. Ein solch monumentales Ereignis hätte jedoch Spuren hinterlassen müssen.

Wir sind jetzt bereit für einen Zeitsprung in die Zukunft. Das nächste folgenschwere Ereignis geschieht um das Jahr null. (Das Jahr null gibt es nicht, weil die null einfach nicht bekannt war und erst viel später erkannt wurde, dass so eine null doch einiges bewirken kann).

In den alten Schriften, also dem AT, das für Juden und Christen in vollem Umfang gültig ist und weitgehend von den Muslimen anerkannt wird, aber als von Menschen verfälscht angesehen wird, gibt es viel Propheterie. Die für alle Juden und Christen wichtigste Prophezeiung ist die Verheißung des Erlösers. Dieser Erlöser muss natürlich bestimmte Voraussetzungen mitbringen – ganz wichtig: Er muss den richtigen Stammbaum haben. Nein, ich will nicht mehr zurück zur Bibel. Was ein Stammbaum ist, wissen Sie, denke ich. Falls nein – das hat etwas mit Eltern, Ureltern, Urureltern und so weiter und so fort zu tun. Das Ganze auch noch mit mütterlicherseits und väterlicherseits.

Jedenfalls ist die wohl berühmteste Person der Welt um das Jahr null zur Welt gekommen: Jesus Christus!

Aus Sicht der Christen erfüllt Jesus Christus alle Voraussetzungen der Prophezeiungen und hat auch den richtigen Stammbaum. Das Wirken dieses Jesus Christus wird im NT beschrieben – in vier Evangelien, dem Lukasevangelium, Markusevangelium, Matthäusevangelium und Johannesevangelium. Es gibt/ gab auch weitere Evangelien. Diese Schriften haben aber keinen Einzug in die uns bekannte Bibel gefunden.

Dieser Jesus Christus wird von den Christen definitiv als Messias/ Erlöser betrachtet.
Über die Kindheit und die Jugend von Jesus Christus ist kaum etwas bekannt. Die Geburt wird den Menschen, die Weihnachten in die Kirche gehen, mit Regelmäßigkeit beschrieben. Danach wird es erstmal sehr still um Jesus.

Erst, als Jesus vermutlich um die 30 Jahre alt war (+/- 3 Jahre), fing er an, sich als Wanderprediger zu betätigen. Es gilt auch unter Wissenschaftlern annähernd als gesichert, dass die Person Jesus tatsächlich existierte – was nicht heißt, dass die Christen unbedingt mit ihrem Glauben an Göttlichkeit Recht haben müssen!

Jesus muss erstaunliche Kenntnisse über den Inhalt der alten Schriften (AT) gehabt haben, weil er sich in seinen Predigten deutlich auf den Gott der alten Schriften bezog. Obwohl Jesus Christus laut der christlichen Dreieinigkeitslehre, Gott / Sohn von Gott / heiliger Geist in einer Person ist, also auch der Gott des AT, ist Jesus in seiner kurzen Zeit als Wanderprediger nicht mehr strafend und nicht mehr oft zornig – sein Charakter ist verzeihend, vergebend, gütig – so wird er in den Evangelien beschrieben.

Ein enormer Charakterwechsel ist sehr auffällig.

Vermutlich ca. drei Jahre predigte Jesus in seiner Eigenschaft als Wanderprediger. Er gewann in dieser Zeit viel Vertrauen und auch viele Anhänger.

Den römischen Machthabern und auch Gruppierungen einflussreicher Juden – Jesus selber war Jude – passte dieser „Erfolg“ nicht ganz in ihr Konzept.

Sehr viele Menschen sind zu dieser Zeit bei entsprechenden Verbrechen mit dem Tod durch

Kreuzigung bestraft worden. Auch Jesus ist durch Kreuzigung gestorben.

Jesus muss in seiner kurzen Zeit als Wanderprediger auf jeden Fall sehr beeindruckend gepredigt haben und dadurch auch nach seinem Tode bei manchen noch bleibende Bewunderung/ Phantasien/Gottglaube ausgelöst haben.

Zunächst werden Geschichten um Jesus mündlich überliefert und erzählt und weitererzählt. In der Zeit um 50-130 nach Christus, entstehen die schriftlichen Darstellungen zu Jesu Wirken – also die Evangelien. Authentische Berichte, Augenzeugenberichte, welche die Wunder von Jesus in Form von Berichterstattung unmittelbar bestätigen, gibt es nicht.

Zeitgleich zu diesen Ereignissen ist die vorherrschende Religion unter den römischen Machthabern der römische Kaiserkult, der besagt, dass ausschließlich römische Kaiser nach ihrem Tode zu Gott werden können. Einfachen Menschen ist der Zutritt zu den römischen Tempeln untersagt. Der Wunsch nach einer eigenen Religion ließe sich aus diesem Umstand heraus erklären.

Es gab einen kleinen Zirkel von Anhängern – Petrus ist von besonderer Bedeutung –, die verbreiteten, dass Jesus der Erlöser ist/ war und für die Menschen am Kreuz gestorben sei.

Mit Erlösung ist nach meinem Kenntnisstand die Erlösung der Menschheit von der Erbsünde Adams/Evas gemeint (Gebot Gottes missachten).

Jesus hat laut christlicher Überlieferung Wunder vollbracht. Sind diese Wunder ein Beweis für die „Göttlichkeit“? Zunächst möchte ich mich wiederholen: Authentische Augenzeugenberichte gibt es nicht. Die Schriften (Evangelien) sind erst deutlich nach dem Tode Jesu entstanden.

Nun möchte ich mich mit dem Thema „Wunder“ mal etwas sinnbildlich beschäftigen und frage mich, wie Wunder entstehen:

Stellen Sie sich folgendes vor: Herr Bauer wollte ein Bild an die Wand hängen. Deshalb nahm er sich einen Hammer und Nägel. Beim Hämmern hat er sich versehentlich auf den Mittelfinger gehauen. Die Verletzung war aber halb so wild und ein Verband um den Mittelfinger war alles, was notwendig war.

Am nächsten Tag trifft Herr Bauer seinen Nachbarn, Herrn Schmidt. Herr Schmidt sieht den Verband von Herrn Bauer (wohlgemerkt – es war nur ein harmloser Verband um den Mittelfinger!).

Nun ist Herr Schmidt neugierig und möchte wissen, was Herrn Bauer passiert ist. Herr Bauer schildert alles genauso, wie es passiert ist.

Nur vier Tage später kommt Herr Schmidt mit Frau Pütz ins Gespräch. Schnell geht ihnen der Gesprächsstoff aus. So fällt Herrn Schmidt ein, dass Herrn Bauer doch irgendwas passiert ist (ob Herr Schmidt die Wahrheit jetzt noch ganz genau kennt oder nicht... die Originalstory ist irgendwie zu harmlos und langweilig). Also erzählt Herr Schmidt der Frau Pütz, was Herrn Bauer passiert ist: „Ach – Frau Pütz, wissen Sie eigentlich, was Herrn Bauer passiert ist?“ „Nein – was ist ihm denn passiert?“ Frau Pütz wird neugierig. „Herr Bauer wollte ein neues Bild aufhängen, stand auf der Leiter und stürzte – dabei hat er sich die ganze Hand gebrochen!“, sagte Herr Schmidt und verabschiedete sich von Frau Pütz.

Den Samstag darauf trifft Frau Pütz (welche mit Vornamen Marlene heißt) die Heidi, eine Kegelschwester, beim einkaufen. „Weißt du, was dem armen Herrn Bauer passiert ist?“, fragte Marlene die Heidi. „Nein – erzähl mal, kürzlich habe ich den noch joggen sehen“, entgegnete Heidi. „Der wollte Fenster putzen (wann das war, spielt mittlerweile keine Rolle mehr) und ist dabei aus dem Fenster gestürzt! Dabei brach er sich einen Arm und seinen rechten Oberschenkel!“ Das sagte Marlene.

Eine Woche später – das Ereignis selber ist bereits völlig verblasst – trifft die Heidi ihre Freundin Irene. Jetzt ist es endgültig um Herrn Bauer geschehen. Nachdem Herr Bauer aus dem Fenster, blindlings auf eine Hauptverkehrsstraße gestürzt ist und dabei von einem Bus überfahren wurde, war er nun völlig lädiert. Er hatte einen Schlüsselbeinbruch, zwei gebrochene Arme und Beine, einen Schädelbasisbruch und musste demzufolge in irgendeinem Krankenhaus von oben bis unten eingegipst liegen.

Dann geschah jedoch etwas sehr merkwürdiges: Schon am nächsten Tag sah Irene den Herrn Bauer putzmunter beim Joggen.

Was war geschehen? Ein Wunder?

Ich muss noch mal auf die Bibel zurückkommen. Um tatsächlich der „Erlöser/ Messias“ sein zu können, muss Jesus aus dem Hause Davids kommen. Dadurch ergeben sich zwei Probleme: König David existierte laut biblischer Überlieferung ca. um das Jahr 1.000 v. Chr. Ich persönlich frage mich, wie es denn möglich gewesen sein soll, den Stammbaum in der damaligen Zeit über 1.000 Jahre zurückverfolgen zu können.

Es gibt darüber hinaus auch Schriften, in denen das Wort „Dawidum“ vorkommt. Richtig übersetzt würde das „Heerführer“ bedeuten und keinesfalls den Namen David. Kritiker bezweifeln deshalb, dass es überhaupt jemals einen König David gegeben hat.
Bis in die Anfänge des 4. Jahrhunderts hinein hatten es die so genannten Urchristen sehr schwer und sind immer wieder verfolgt worden – oft mit ungutem Ende für sie.

Erst als Kaiser Konstantin im Jahre 312 nach Christus den Sieg einer entscheidenden Schlacht über seinen Widersacher Maxentius dem Gott der Christen zuschrieb, änderte sich dies und den Christen wurden immer mehr Rechte eingeräumt, bis hin zur endgültigen Erklärung zur Staatsreligion des römischen Reiches!

Genug zu Jesus. Wir haben nun die zweite Glaubensrichtung der abrahamitischen Religionen – das Christentum – herausgearbeitet.

Fehlt nur noch eine abrahamistische Religion – der Islam.

Stifter dieser Religion ist Mohammed oder Muhammed. Legen Sie mich bitte nicht fest, wie der

Name richtig geschrieben wird – das spielt aber auch keine Rolle.

Bitte sehen Sie mir auch nach, dass ich einfach auswendig schreibe und nun keinerlei Recherchen betreibe. Auf ganz genaue Details kommt es nicht an, um zu erklären und zu verstehen, wie der Islam entstanden ist oder entstehen konnte.

Sicher ist: Mohammed ist eine reale Person, die wirklich gelebt hat.

Ca. 570 n. Christus geboren – arm. Mohammed hatte aber viel Glück, indem er eine wohlhabende Frau (Kaufmannswitwe) heiraten durfte, was ihm ausreichend Mittel einbrachte. Als recht erfolgreicher Kaufmann kam Mohammed natürlich auch rum. Dabei traf er auf Christen, mit denen er ins Gespräch kam.

In der Region Mohammeds (Mekka) war Polytheismus noch vorherrschend – im Gegensatz zu den bereits vorhanden monotheistischen Religionen, Christentum und Judentum, von denen Mohammed mit Sicherheit wusste (mindestens durch seine Handelsreisen, auch, weil es – wenn auch sehr wenige – Siedler gab, die der jüdischen und christlichen Religion angehörten).

Im Großraum um Mekka, waren die Lebensbedingungen durch das Wüstenklima ausgesprochen hart für die Menschen. Der Glaube an viele Götter war nicht unbedingt sinnvoll, da dadurch sehr viel „Hickhack“ vorprogrammiert war.

Ich möchte Ihnen zum Verständnis mit dieser Beschreibung eine Einsicht in die seinerzeitigen Umstände vermitteln.

Mohammeds im Laufe seines Erwachsenwerdens aufgekommenes Ziel war es ganz sicher, in Mekka politische Macht zu erlangen.

Dies gelang ihm jedoch trotz wohlhabender Ehefrau nicht.

Im Alter von ca. 40 Jahren erschien Mohammed erstmals der Erzengel Gabriel, welcher auch eine biblische Existenz hat – also aus dem AT bekannt ist.

Der Überlieferung nach, diktierte dieser Erzengel Gabriel Mohammed im Verlaufe einiger Jahre die „göttlichen Verse“, welche sich in den Suren des Korans wieder finden.

Zum deutlichen Verständnis: Dieser Erzengel Gabriel wurde laut islamischer Lehre von Gott persönlich geschickt – gemeint ist der abrahamitische Gott!

Mohammed hat daraus die dritte abrahamitische monotheistische Religion geformt – den Islam!

Mit diesem monotheistischen Gott gelang Mohammed, nachdem er sich zwischenzeitlich aus Mekka zurückziehen musste, die Einnahme der Stadt! Dies geschah jedoch keinesfalls mit den Mitteln der Überzeugung – viele Leichen pflastern diesen Weg bis zur Machtübernahme seine neue Religion.

Vor dieser Zeit war es üblich, dass sich die verschiedenen Stämme untereinander ausraubten und ermordeten. Unter der neuen islamischen Religion war es bald verboten, dass sich Moslems untereinander töteten. So konnten nur noch Nichtmoslems überfallen und getötet werden. Das ist einer von zahlreichen Gründen für die schnelle Ausbreitung des Islams, auf die ich nicht näher eingehen möchte (wichtig dabei ist nur, dass es aktuell ca. 1,3 Milliarden Muslime gibt).

Ich betone noch einmal: Es geht mir nicht um jedes Detail, sondern darum, den Lesern, die überhaupt keine Kenntnisse über die Entstehungshintergründe haben, etwas in die Materie einzuarbeiten.

An dieser Stelle sollte deshalb nun jedem Leser halbwegs der Weg der Entstehung dieser drei monotheistischen abrahamatischen Religionen mit den zeitlichen Zuordnungen klar sein und somit ist eine gemeinsame Mindestwissensbasis vorhanden – das soll reichen.

Ganz kurz möchte ich auch die bereits verwendeten Begriffe „polytheistisch" und „monotheistisch" erläutern.

Polytheismus = Glaube an mehrere Götter (vorherrschend in der Antike)
Monotheismus = Glaube an einen Gott – den Schöpfergott

Nun haben wir unsere drei abrahamitischen Religionen, Judentum, Christentum und Islam endlich zusammen.

Ich muss Ihnen jetzt noch mal die Gemeinsamkeiten in Erinnerung rufen:

- Schöpfergott und Schöpfungsgeschichte („Am Anfang schuf Gott Himmel und Erde")
- Das praktische Leben von Adam und Eva im Paradies
- Das Übertreten der Gebote Gottes durch Adam und Eva („verbotene Frucht")

- Die „Schlange“ hat Eva zur Übertretung überredet
- Rauswurf Adam und Evas aus dem Paradies (sprich: Nun sind sie auf der Erde gelandet)
- Die ersten beiden Kinder von Adam und Eva – Kain und Abel
- Die Geschichte Noahs
- Völkertafel
- Turmbau zu Babel

Zu den vorgenannten Punkten gibt es keinerlei Streitigkeiten unter diesen drei Religionen.
Auch die Abraham-Story wird einhellig von allen drei Religionen anerkannt.

Bei dieser ganzen Harmonie könnte nun jeder denken: Ist doch alles paletti – was ballern die sich eigentlich seit deutlich mehr als tausend Jahren bis heute ständig gegenseitig über den Haufen?

Um das zu verstehen müssen wir uns über ein paar Meinungsverschiedenheiten dieser Religionen klar werden. Diese möchte ich nur kurz abhandeln

Juden: Maßgeblich für die Stammnachfolge ist der eheliche Sohn Abrahams, Isaak.
Das gelobte Land ist den Israeliten von Gott verheißen – die sich aus den Nachfahren von Isaak

ergeben. Juden setzen die Prophezeiung der Ankunft des Erlösers auch in ihre zentrale Religion – bestreiten allerdings, dass Jesus der Erlöser war. Demnach warten die Juden noch auf ihren Erlöser (was soviel bedeutet wie, wenn dieser Erlöser nicht bald kommt, könnten es immer weniger Juden werden, ganz automatisch. In dieser Version der Religion ist eine Missionierung nämlich nicht so einfach möglich).

Christen: Maßgeblich für die Stammnachfolge ist der eheliche Sohn Abrahams, Isaak.
Das gelobte Land ist den Israeliten von Gott verheißen – die sich aus den Nachfahren von Isaak ergeben. Die Christen sehen in Jesus Christus den vorhergesagten Erlöser und öffnen sich nun für alle Menschen („Missionierung“) – die alleinige Fixierung auf das gelobte Land und das „von Gott auserwählte Volk“, entfällt damit.

Muslime: Maßgeblich für die Stammnachfolge ist der uneheliche Sohn Abrahams, Ismael. Das gelobte Land ist den Arabern von Gott verheißen – die sich aus den Nachfahren von Ismael ergeben. Muslime erkennen die heiligen Schriften der Juden und Christen an. Jedoch sind diese Schriften ihrer Meinung nach durch Menschen verfälscht und deshalb nicht das absolut wahre Wort Gottes. Die Muslime lehnen die „Menschwerdung Gottes“ im Sinne des christlichen Erlösers – Jesus

Christus – strikt ab. Für Muslime ist Jesus Christus einer unter mehreren Propheten. Mohammed ist der ranghöchste Prophet und hat durch Erzengel Gabriel das absolut unverfälschte Wort Gottes erhalten, das im Koran niedergeschrieben ist.

Theologieexperten werden nun wieder aufschreien, wenn ich es dabei belasse. Ich möchte erreichen, dass auch absolute Laien etwas Grundwissen erlangen um mitkommen zu können. Nicht umsonst gibt es Studiengänge für Theologie, die viele Semester und Jahre umfassen. Dies soll nicht Hauptinhalt dieser Lektüre sein.

Bereits jetzt fällt es sehr schwer zu beurteilen, ob nun alle drei Religionen gleichzeitig entstanden sind Kraft der Schöpfung: „Am Anfang schuf Gott Himmel und Erde" – oder ob sie alle erst rückwirkend zu diesem Termin entstanden?

Die Muslime machen sich die Beantwortung dieser Frage recht einfach: Entstanden ist ihre Religion natürlich direkt mit der Schöpfung. Die absolut unverfälschte Lehre erlangten sie allerdings erst durch den Propheten Mohammed (Erzengel Gabriel, von Gott geschickt, göttliche Verse, absolut unverfälscht).

Wie verhält es sich mit dem Christentum? Entstehung mit/ durch Jesus um das Jahr null oder auch per Vorsehung direkt mit der Schöpfung – quasi rückwirkend?

An dieser Stelle wird es Zeit, einen aktuellen Zwischenstand Ihrer Meinung einzuholen:

Bitte seien Sie absolut ehrlich!

Gibt es den abrahamitischen Gott?

Antwort a: Ja – zu 100%.
Antwort b: Ich bin mir nicht sicher, gehe aber davon aus.
Antwort c: Ich bin mir nicht sicher, glaube es aber eher nicht.
Antwort d: Nein – den gibt es garantiert nicht.

So – ich habe mein Kreuzchen gesetzt und die Frage beantwortet. Natürlich werde ich Ihnen meine Antwort nicht verraten. Ich will Sie ja nicht beeinflussen!

Nun beginnt der wirklich komplizierte und spannende Teil dieser Lektüre:

Wie konnten diese Religionen eigentlich so mächtig werden? Warum glauben so viele Menschen an diesen abrahamitischen Gott? Existiert dieser abrahamitische Schöpfergott tatsächlich?

Natürlich bin ich längst nicht der erste Mensch, der sich diese Frage gestellt hat. Deshalb gibt es zahlreiche Theorien, die einerseits die Existenz Gottes beweisen wollen und genauso gibt es zahlreiche Theorien, die die Nichtexistenz Gottes beweisen wollen.

Da diese Theorien bereits existieren (also nicht von mir sind), habe ich es in diesem Abschnitt meiner Lektüre „recht einfach“ – dabei möchte ich mich etwas korrigieren. Ich versuche gerade, alles zu verstehen, was etwas schwieriger ist, als ich dachte. Ich präsentiere Ihnen einfach die bisherigen Definitionen/ Erkenntnisse/ Versuche/ „Beweise“:

Ein Gottesbeweis ist ein Versuch, mit Hilfe rationaler Argumente die Existenz Gottes zu beweisen. Obwohl dies bisher nicht gelungen ist, wird es gelegentlich versucht. Für Atheisten und auch für andere ist es hilfreich, die gängigen Gottesbeweise und ihre Widerlegungen zu kennen, um nicht auf einfache Tricks hereinzufallen.
Auch unter Theisten sind die Gottesbeweise umstritten. Viele Theologen vertreten die Auffassung, dass diese Beweise überflüssig seien. Sie seien sogar in einer gewissen Weise kontraproduktiv. Denn alle diese „Beweise“ implizieren, dass Gott, was seine Existenz angeht, zumindest

in Teilen auch der Logik dieser Welt unterliegt und Gott damit logisch zugänglich sei.
Mehr noch: Wenn man den Glauben in den Rang einer Tugend erhebt, dann würde ein Beweis den Glauben selbst nutzlos machen. Wenn man etwas beweisen kann, dann braucht man nicht daran zu glauben, folglich wäre der Glaube überflüssig. Allerdings – wie sollte ein Ungläubiger zum Glauben kommen? Gottesbeweise finden wir daher vor allem in der Apologetik, die dazu dient, Ungläubige vom Glauben an Gott zu überzeugen.
Problematisch an der Auffassung, dass der Glaube keine Gründe, Argumente, logische/ empirische Beweise oder Evidenzen braucht, ist, dass man ohne diese buchstäblich alles glauben kann, auch das Gegenteil.
Im Folgenden die bekanntesten Gottesbeweise und die Probleme, die sich daraus ergeben:

1. Der kosmologische Gottesbeweis (Thomas von Aquin)
2. Der Stufenbeweis
3. Der teleologische Gottesbeweis
4. Der ontologische Gottesbeweis (Anselm von Canterbury)
5. Der eudämonologische Gottesbeweis [von griech.: eudaimon = glückselig]
6. axiologische Gottesbeweis [griech. axia = Wert]
7. Der moralische Gottesbeweis

8. Historischer oder ethnologischer Gottesbeweis
9. Die Gottesbeweise – eine Resümee

Der kosmologische Gottesbeweis (Thomas von Aquin)

Der kosmologische Gottesbeweis schließt von der Existenz des Geschaffenen auf die Existenz eines Schöpfers. Thomas von Aquin variiert das in drei Formen: Alles, was sich bewegt, lässt sich stets auf einen Beweger zurückführen. Dieser Beweger wiederum wird ebenfalls von etwas anderem bewegt usw. Da ein Anfangspunkt aller Bewegung bzw. der „Schöpfung" angenommen wird, muss es einen „ersten", einen unbewegten Beweger geben, nämlich Gott. Ähnlich lautet die zweite Variante: Jedes Seiende ist die Wirkung einer Ursache, die selbst wiederum Wirkung einer anderen Ursache ist. Auch hier muss es eine „erste", eine unverursachte Ursache geben. Diese beiden Varianten finden sich in der Andeutung bereits bei Aristoteles. In der dritten Variante des Thomas von Aquin argumentiert er mit der Erfahrung, dass Seiendes nicht notwendig existiert, sondern durch Entstehen und Vergehen bestimmt ist. Weil aber die Welt insgesamt existiert, muss es etwas geben, das notwendig existiert. Dieses notwendig Existierende kann Gott genannt werden.

Gegenargumente

Der Gedankengang erscheint zunächst schlüssig. Auch eine Urknalltheorie geht von demselben Konzept einer „ersten Ursache" bzw. einer ersten Bewegung aus. In der Religion wird nun diese Ursache mit „Gott" betitelt, in der Naturwissenschaft mit „Nichts". Und dieses „Nichts" ist in der Tat treffender, denn diese erste Ursache bzw. der „Ursprung" ist das, worüber wir konsequenterweise keine Aussage machen können. Dass sich aus der Logik ein solches erstes Prinzip ergibt, bedeutet längst nicht, dass dieses auch jene Attribute habe, wie sie Gott zugesprochen werden bzw. die dazu führten, dass dieses Prinzip „Gott" genannt werden könnte. Mit anderen Worten: Es ergibt sich aus dem Gedankengang nicht, dass dieses erste Prinzip Attribute wie „Bewusstsein", „Güte" etc. habe, noch, dass es als Wesen bezeichnet werden kann. Hier wurde in dieses „Nichts" jeweils ein allmächtiges Wesen projiziert und zwar in genau der Weise, wie man es sich vorstellt, nicht jedoch, wie es sich aus dem Gedankengang ergäbe. Denn dieser ergibt lediglich das „Nichts".

Der Stufenbeweis

Diese Beweisform geht davon aus, dass die Dinge unterschiedliche Grade von Vollkommenheit besitzen. Das im höchsten Maße Vollkommene (und Wahre und Gute) ist Gott.

Gegenargumente
Die Idee des Vollkommenen gibt es auch in der Naturwissenschaft und wird als „Ur-Atom“ konkretisiert. Das zeigt bereits, dass die Idee des Vollkommenen nicht auf einen Gott hinaus laufen muss. Ansonsten gilt dasselbe Argument wie oben, dass sich aus dem Gedankengang kein Wesen ergibt und vor allem keines mit den Attributen, wie sie einem Gott zugeschrieben werden.

Der teleologische Gottesbeweis
Beim teleologischen Gottesbeweis [von griech.: telos = Ziel, Zweck] handelt es sich gewissermaßen um die Umkehrung des kosmologischen Gottesbeweises: Von der Beobachtung einer scheinbar ziel- und zweckgerichteten Ordnung der Welt wird auf Gott als der Ursache dieser planmäßigen Struktur geschlossen.

Gegenargumente
Der Fehler bei dieser Argumentation ist offensichtlich, da diese die Projektion einer subjektiv gefundenen Sinnstruktur bedeutet. Entsprechend dieser Logik bewiese sich jede Annahme und scheinbare Beobachtung durch sich selbst.

Der ontologische Gottesbeweis (Anselm von Canterbury)
Im Gegensatz zu den Gottesbeweisen des Thomas von Aquin geht der ontologische Gottesbeweis

[von griech.: on = Seiendes] nicht von der Erfahrung, sondern vom Begriff Gottes aus. Das Argument lautet: Gott ist seinem Begriff nach das höchste Wesen, über das hinaus nichts Höheres und Vollkommeneres gedacht werden kann. Deshalb muss „Existenz" notwendig zu seinem Begriff dazugehören, denn wenn sie ihm fehlte, wäre er nicht vollkommen. In der Neuzeit findet er erneut Verwendung bei den Philosophen René Descartes und Baruch Spinoza.

Gegenargumente

Diese Argumentation, die die Existenz Gottes beweisen will, geht von folgender Assoziation aus: Es gibt das Vollkommene → dieses Vollkommene ist Gott → das Vollkommene muss auch die Existenz mit einschließen, also existiert Gott. Sie setzt also das „Vollkommene" mit „Gott" gleich, was unzulässig ist. Hier, wie im Grunde auch bei den vorherigen „Beweisen", wird das Thema verfehlt, denn es gilt nicht das Vollkommene zu beweisen, sondern zu beweisen, dass dieses Vollkommene auch als Gott bezeichnet werden kann. Zudem ist das Vollkommene zunächst eine sich lediglich aus der Logik ergebende Idee, worin man sich die Summe aller Dinge vorstellt. Dieser Summe eine eigenständige Existenz einzuräumen, ist wiederum nur Annahme und Glaube. Kant dazu: Die Vorstellung oder der Begriff von 100 Reichstalern bedeutet noch nicht, dass man diese 100 Reichstaler auch wirklich in den Händen hält. Angenommen man ließe eine solche Argumentation zu, so wäre es doch äußerst fraglich, ob man nicht noch etwas Höheres denken kann, als einen existierenden Gott. Ein allmächtiger Gott, der das Universum erschafft, mag groß erscheinen. Aber eine noch viel größere Leistung wäre es doch, wenn er irgendeine Krankheit oder Behinderung hätte. Als größte „Behinderung" wäre Nichtexistenz anzusehen. Demnach würde Gott nicht existieren. Klar beweist das in keinster Weise, dass Gott nicht existiert, aber zeigt, dass oben angeführter Beweisversuch einer ernsthaften logischen Überprüfung nicht standhalten kann.

Der eudämonologische Gottesbeweis [von griech.: eudaimon = glückselig]
geht davon aus, dass menschliches Glücksstreben, soll es nicht vergeblich sein, die Existenz Gottes voraussetzt.

Gegenargumente
Dies ist eine Forderung, kein Beweis. Zudem wird hierbei davon ausgegangen, dass das menschliche Dasein in dem Sinne „nicht vergeblich" ist, dass es ein Finale für seine Bestrebungen gibt. Hierbei ist also der Wunsch der Vater des Gedanken. „Ich glaube es, weil ich es gerne so hätte." Nur leider – oder zum Glück – macht

der reine Wunsch, etwas möge wahr sein, es noch lange nicht wahr.

Ähnlich argumentiert der
axiologische Gottesbeweis [griech. axia = Wert]: Das Streben der Menschen nach der Verwirklichung von Werten setzt einen höchsten Wert, Gott, voraus.

Gegenargumente
Gehen davon aus, dass sich Ideen in einer Superidee subsummieren oder durch diese gleichsam gestiftet werden, wobei diese wiederum eine eigenständige Existenz habe. Sind also eine Annahme, kein Beweis.

Der moralische Gottesbeweis
(Immanuel Kant – später von ihm selbst als bloße „Forderung“ bezeichnet) ==
Die Existenz Gottes kann zwar rein vernünftig nicht bewiesen, muss aber im Sinne der praktischen Vernunft angenommen werden, da die Moralität des Menschen und sein sittliches Bewusstsein jemanden erfordere, der diese auch begründet. Nur dadurch ergebe sich dann auch die Notwendigkeit des Individuums, moralisch zu handeln.

Gegenargumente

Ebenfalls nur eine Forderung, kein Beweis, wie Kant es auch selbst später formulierte. Er versucht lediglich im Kontext des Sittengesetzes eine Autorität als moralische Instanz zu setzen, damit sich jeder verbindlich an das Sittengesetz halte. Die Existenz einer solchen Autorität wird jedoch nicht bewiesen.

Historischer oder ethnologischer Gottesbeweis

Meint die Existenz Gottes mit dem Verweis darauf zu beweisen, dass die Vorstellung eines Gottes in nahezu allen Völkern und Kulturen besteht.

Gegenargumente

Damit wird nur bewiesen, dass es offensichtlich zum Wesen des Menschen gehört, seine Wahrnehmung und Vorstellung in einer Idee „Gott“ bündeln zu wollen, mehr nicht. Und es liegt in der Tat in der Natur des Menschen bzw. seiner Vernunft und Logik, mehrere Dinge in eine Kategorie zusammenzufassen oder Oberbegriffe für diese zu finden. So z.B. bei „Wald“. Ein Wald aber existiert nicht, sondern nur die Bäume und selbst diese ließen sich wiederum bis hin zu „Energie“ herunterreduzieren. Und Ideen sind ihrerseits Konstrukte des Denkens und der Logik, die nicht zwangsweise eine eigene Existenz haben müssen, sonst hätte auch jede andere Idee Existenzberechtigung.

Die Gottesbeweise – eine Resümee

Die Mehrheit der Gottesbeweise beruht, wie gezeigt wurde, bereits wieder auf der Annahme, Ideen hätten eine eigenständige Existenz, oder eine Idee sei identisch mit der Vorstellung von Gott. Dabei wird stets verkannt, dass es ja eben vor allem um den Beweis dieser Vorstellung „Gott" geht und nicht um das Finden irgendwelcher menschlicher Eigenschaften oder um das Aufstellen theoretischer Konstrukte, die dann – völlig unbegründet – mit der Idee „Gott" gefüllt werden, die dann bereits immer schon Voraussetzung ist. Andere Betrachtungen wiederum fordern lediglich ausgehend von der subjektiven Welt des Menschen, dass diese Welt auch „von außen her" objektiv gestiftet wird, bleiben aber nur Forderung oder irrige Annahme, dass das subjektiv Gegebene auch objektiv vorhanden sei. Somit wird die eigentliche Intention, die Existenz eines Gottes zu beweisen, jeweils mehr oder weniger stark verfehlt.

--*Quelle: www.http://athpedia.de*--

Qualmt Ihr Gehirn jetzt genauso, wie meines?

Eines habe ich verstanden, es ist weder gelungen, die Existenz Gottes zu beweisen, womit aber genauso wenig die Nichtexistenz bewiesen ist. Alle bisherigen Ansätze und Versuche, konnten also kein 100% Ergebnis bringen. Damit bin ich nicht zufrieden!

Nun gut, nach so vielen Argumenten und Gegenargumenten wird es jetzt wieder Zeit, für unsere Frage:

Gibt es den abrahamitischen Gott?

Antwort a: Ja – zu 100%
Antwort b: Ich bin mir nicht sicher, gehe aber davon aus
Antwort c: Ich bin mir nicht sicher, glaube es aber eher nicht
Antwort d: Nein – den gibt es garantiert nicht

So – ich habe mein Kreuzchen gesetzt und die Frage beantwortet. Natürlich werde ich Ihnen meine Antwort nicht verraten. Ich will sie nicht beeinflussen!

Ich möchte einmal erörtern, ob wir Gott wirklich benötigen und welche Vorteile/Nachteile das hätte.

Wir Menschen haben ein großes Problem:

Die Wissenschaft erklärt uns alles ganz toll bis zum Urknall zurück. Das Problem dabei: Der Urknall kann nicht „der Anfang“ gewesen sein.

Schließlich kann es nicht mal einfach so losknallen aus dem „Nichts“ – aus nichts kann nun mal nichts entstehen. Das macht uns sehr große „Kopfschmerzen“.

Wie lösen die abrahamitischen Religionen diesen Widerspruch? Sie ersetzen dieses „Nichts“ durch den Schöpfergott („Am Anfang schuf Gott Himmel und Erde“).

Beide Erklärungen helfen überhaupt nicht. Auch ein Schöpfergott kann nicht aus nichts entstehen. Das geht nicht!

Wir Menschen stehen also vor einem riesigen Rätsel: Wir können nicht verstehen, wie der „Anfang“ passiert sein soll.

Aber leider muss ich Ihnen, liebe Leser, noch mal vor Augen führen: Auch der „Glaube“ an einen Schöpfergott kann dieses Rätsel nicht lösen.

Welchen Vorteil hat der Glaube an den Schöpfergott weiterhin?

Der Tod ist so eine Sache, mit der wir uns nicht so richtig anfreunden wollen.

Die Vorstellung an ein „ewiges“ Leben ist dadurch zwangsläufig sehr verlockend. Egal, ob jüdischer, christlicher oder islamischer Gott: Alle drei versprechen ewiges Leben. Wenn wir „gottgefällig“ leben („irdisch“), im Paradies. Ansonsten in der Hölle.

Diese „Drohung“ mit der Hölle ist nichts anderes, als Erpressung. Laut Darstellung der Gläubigen ist Gott allerdings allmächtig und allwissend. Ist „Allmacht/ Allwissenheit“ mit Erpressung vereinbar?

Erpressung ist eine typisch menschliche Eigenschaft. Ganz sicher keine Eigenschaft, die ich bei „Allmacht/ Allwissenheit“ einordnen könnte.

Was hätte ein allmächtiges/ allwissendes Wesen davon, uns zu erpressen?

Woraus besteht das Leben und was ist am Tod so ängstigend?

Das Leben besteht aus Freude, Leid, Kummer, Sorge, Erfolg, Misserfolg, Träumen, Neugier, Unterdrückung, Glück, Unglück, Enttäuschung und noch vielem mehr.

Einfach ausgedrückt: Wir kämpfen täglich. Solange unser Optimismus, unsere Neugier, unsere Hoffnung – kurz unser Lebenswille – überwiegt, ist das Leben lebenswert.

Allerdings: Im Laufe des Lebens erfahren wir immer mehr Enttäuschungen. Auch werden unsere Knochen immer gebrechlicher. Körperlicher und psychischer Schmerz nimmt ständig zu. Solange, bis wir endgültig müde sind. Jeder Mensch freut sich also auf den Tod, wenn es soweit ist und sieht seine persönliche Erlösung darin.

Der Glaube an ewiges Leben ist deshalb überhaupt nicht notwendig.

Bestenfalls wäre ein Glaube an ewige Jugend sinnvoll. Dieser Glaube wird uns durch diese Religionen aber nicht vermittelt und gegeben.

Es wird bereits sehr schwer, weitere Vorteile für den Glauben zu finden. Viele Menschen bringen Glauben mit den Werten „Ethik und Moral" in Verbindung.

Zunächst möchte ich darauf verweisen, dass die Menschheit nur dadurch überleben konnte, dass sie sich in ihren Anfängen (vor ca. sieben Millionen Jahren) bereits in Gruppen organisiert hat. Diese anfänglichen „Menschen" werden Menschen genannt, weil sie aufrecht gegangen sind.

Dadurch bedingt hat sich zwangsläufig Sozialverhalten entwickelt. Die Werte „Ethik und Moral“ sind keinesfalls Erfindungen der Religionen. Religionen reden uns nur ein, für diese Werte zu stehen, die ohnehin erbgutbedingt fest in jedem Menschen einprogrammiert sind.

„Ethik und Moral“ verbinden wir mit „gut“. Nur, was soll gut daran sein, wenn Karl der Große, dass Christentum in Deutschland (was es so um 800 n. Chr. natürlich noch nicht gegeben hat), mit dem Schwert durchgesetzt hat (beispielsweise sind die Sachsen zwangsmissioniert worden – mit grausamster Folter, Tötung und vielem mehr).

Gleiches gilt für den Islam: Durchgesetzt mit Gewalt, Terror und Mord.

Gleiches gilt für das Judentum. Auch hier wurden Philister und viele andere getötet, um diese Religion durchzusetzen.

Das heißt im Klartext: Bereits in den Anfängen und bei der Verbreitung dieser Religionen gab es Gewalt, Tötung, Folter, Grauen, Erpressung – kurz: All das, was wir böse nennen, notwendig.

Wussten Sie, dass die Kirchen und der Vatikan grauenvoll reich sind? Daraus ergeben sich zwei Fragen: Woher kommt dieser Reichtum? Warum löst der Vatikan sein angebliches Anliegen gut zu sein nicht ein und spendet diesen abartigen Reichtum um beispielsweise den Hunger in Afrika zu beenden?

Ich hoffe, liebe Leser, Sie haben sehr gute Nerven und sind nicht zu sensibel. Was ich Ihnen mit den folgenden Seiten beschreiben werde, ist dunkel. Dunkler, böser, grauenvoller, als sie sich vorstellen können.

In vielen dicken Büchern verborgen steht die Wahrheit darüber, wie die Kirche und der Vatikan zu immensem Reichtum gelangten. Nachfolgend möchte ich Ihnen die wichtigsten Ereignisse und Fakten schildern:

Der Vatikan hortet den zweitgrößten Goldschatz der Welt. Möchten Sie, liebe Leser, wissen, wie der Vatikan zu diesem Gold kam?

Bei der Eroberung zunächst Südamerikas und später Nordamerikas sind zahlreiche Menschen (Indianer) grausam gefoltert und ermordet worden, wegen des Goldes. Es handelt sich um Blutgold!

Auch heute ist dieses Gold Teil der römisch-katholischen Kirche!

Papst Alexander VI ließ mit der ersten Südamerika-Gold-Beute die Decke von Santa Maria Maggiore in Rom verzieren und mit dem Symbol seiner Familie versehen.

Ein stolzer Anteil dieses Blutgoldes und -silbers floss in die kirchlichen Schatzkammern.

Kardinal Cisneros ließ aus dem Gold, das „Kolumbus fand", eine fast drei Meter hohe Monstranz fertigen und stiftete diese der Kathedrale von Toledo.

Um auch noch das letzte Gold aus ihnen herauszupressen, wurden Indianer bestialisch gefoltert.

Der Altar der Kathedrale von Sevilla wurde mit 20 Tonnen Blattgold verziert: Bezahlt mit dem Blut und dem Tod der Indianer Südamerikas.

Ein spanischer Katholik verfütterte Indianerkinder an seine Hunde!

Zur Verherrlichung Jesu und der 12 Apostel wurden Indianer zu je 13 aufgehängt. Die Füße standen auf dem Scheiterholz. Mit dem Wegbrennen des Scheiterholzes und der Füße hingen sie sich weiter auf.

Gut, o.k., bitte Ende! Ende, sage ich!!!

Habe ich etwa von Ihnen, liebe Leser, gute Nerven verlangt? Es tut mir leid, an dieser Stelle muss ich einfach mit den Indianern aufhören. Ich kann nicht mehr!

Alles in allem sind ca. 90% der südamerikanischen Indianer dem Missionierungs- und Goldrausch des Vatikans zum Opfer gefallen! Grausam und abscheulich!

Haben Sie, liebe Leser, sich eigentlich nie gewundert, warum beispielsweise Brasilien so tief katholisch sein kann? Nun, jetzt haben Sie die Antwort: Zwangsmissionierung und Landbesitznahme!

Ein weiteres Kapitel: Sklaventum vergrößerte den Reichtum des Vatikans!

Menschenhandel und Sklaventum im Auftrag des Vatikans!
Am 18.06.1452 legitimierte Papst Nikolaus V. den Sklavenhandel durch eine Bulle, indem er den portugiesischen König ermächtigte,
»... die Länder der Ungläubigen zu erobern, ihre Bewohner zu vertreiben, zu unterjochen und in die ewige Knechtschaft zu zwingen«.

Das Kapitel, wie die Kirche und der Vatikan zu diesem ungeheuren Vermögen kam, kann ich doch nicht so ausführlich beschreiben, wie ich es ursprünglich geplant hatte.

Mir wird einfach schwarz vor Augen ob dieser ganzen Grausamkeiten und Verbrechen. Ich kann Ihnen deshalb nur noch einige Stichpunkte nennen. Wenn Sie hart im Nehmen sind, dürfen Sie diese Stichpunkte gerne genauer recherchieren.

Der extreme Reichtum des Vatikans besteht aus:

Gold, Aktien, Konzernen, Ländereien und Immobilien und sogar ganzen Städten.

Entstanden ist dieser Reichtum durch:

Segen und Titel, Sklaverei, Leibeigenschaft, Ablasshandel, Raubmord, Inquisition und Hexenverbrennung, Urkundenfälschung, Nebeneinnahmen, den Zehnten, Erbschleicherei, Ämterverkauf, Mord, Prostitution, Subventionen und nun wird mir wieder schlecht. Bitte recherchieren Sie dies, wenn Sie mögen. Eines kann ich Ihnen versichern:

Nichts von dem ist gelogen!

Ich bin nun wirklich über mich selber erstaunt. Dass ich derart sensibel bin und Tränen in den Augen habe, hätte ich nicht vermutet. Wir müssen dieses grauenvolle Kapitel also vorzeitig schließen.

Wie sind wir überhaupt auf dieses Thema gekommen und warum wollte ich Ihnen dieses Grauen vor Augen führen?

Ich erinnere mich: Wir suchten nach Vorteilen des Glaubens und vor allem wollten wir wissen, warum wir Kirche/ Vatikan mit Ethik und Moral, dem „Guten", verbinden.

Der immense Reichtum ist also durch bestialische Verbrechen entstanden. Dieser Monsterreichtum wird auch heute mit allen Mitteln verteidigt und mit Spekulationsgeschäften, Unternehmensbeteiligungen, Subventionen, Immobiliengeschäften und mehr (also unmoralisch) gesteigert.

Das ist unter Ethik- und Moralgesichtspunkten also „gut"? Nein! Liebe Leser: Kirche/ Vatikan = Böse! Sorry, wenn Sie nun einen Traum aufgeben müssen!

Christen mögen nun etwas aufschreien: „Das ist Kirche/ Vatikan und hat mit unserem Jesus überhaupt nichts zu tun!"

Das machen Christen sehr gerne. Kommt man auf den oft zornigen und zerstörerischen Gott des alten Testamentes zu sprechen (biblische Sintflut, Sodom & Gomorra, zehn Plagen und mehr), wollen sich Christen immer mit ihrem Jesus herausreden. „Nun ist Gott doch wirklich liebend und niedlich."

Es nützt alles nichts! Die Dreieinigkeitslehre besagt eindeutig:

Gott = Gott/ Sohn von Gott, also Jesus/ heiliger Geist – demnach gilt genauso:

Jesus = Gott/ Sohn von Gott/ heiliger Geist

Der Gott des Alten Testamentes ist also exakt derselbe, wie der Gott des Neuen Testamentes.

Übrigens: Nur, weil Gott als Jesus sich einmal drei Jährchen halbwegs im Griff hatte, macht das ganz bestimmt keine tausende von Jahren wett, in denen Gott immer wieder mal seine Aussetzer hatte!

Ich frage mich, mit welchem Recht behaupten die Religionen, Judentum, Christentum und Islam eigentlich, für Werte wie „Gut/ Frieden/ Nächstenliebe" zu stehen?

Wir wissen nun eindeutig, dass alle drei Religionen mit brutalster Gewalt durch das „Schwert" durchgesetzt worden sind. Auch der immense Reichtum ist die Folge von Verbrechen.

Warum durften eigentlich die „lieben Christen“ mit ihrem Jesus das Schwert benutzen, um die Sachsen zu missionieren?

Lassen wir uns doch einfach auf die Christen ein und beziehen uns auf das Neue Testament.

Nehmen wir Matthäus 10, 34:

„Denkt nicht, ich sei gekommen, um Frieden auf die Erde zu bringen. Ich bin nicht gekommen, um Frieden zu bringen, sondern das Schwert.“

Hoppla, was ist das denn? Da hatte unser Jesus anscheinend doch hin und wieder mal eine kleine Erinnerung daran, dass Gewalt auch geht, oder?

Was finden wir im Neuen Testament noch Interessantes?

1. Thessalonicher 2.14f:

„Die haben unseren Herrn Jesus getötet und die Propheten und haben uns verfolgt und gefallen Gott nicht und sind allen Menschen Feind… aber der Zorn ist schon über sie gekommen zum Ende hin.“

Das war die geistige Grundlage Luthers, die zu dem Aufruf führte, die Synagogen und Schulen der Juden anzuzünden.

„Unserem Herrn und der Christenheit zu Ehren, damit Gott sehe, dass wir Christen seien."

Wissen Sie was, liebe Christen? Adolf Hitler bezog sich genau darauf. Deshalb pries Adolf Hitler Martin Luther, den Begründer der protestantisch-lutherischen Kirche, als „großen Mann", weil er den Juden sah, wie wir ihn heute zu sehen beginnen.

Der neutestamentliche Antisemitismus wurde auch vom evangelischen Landesbischof Sasse angesichts der Reichskristallnacht im Verbund von Luther und Hitler angepriesen:

„Am 10. November 1938, an Luthers Geburtstag, brennen in Deutschland die Synagogen. Vom deutschen Volke wird… damit der Gott gesegnete Kampf des Führers zur völligen Befreiung unseres Volkes gekrönt…"

In diesem Zusammenhang schrieb der Philosoph, Karl Jaspers: „Seine Ratschläge gegen die Juden hat Hitler genau ausgeführt."

Liebe Christen: Ich denke, Sie haben nun erstmal genug gelitten. (Was nicht heißt, dass es im Neuen Testament nicht viel mehr gäbe, was Gewalt durchaus zulässt und auch fordert).

Lassen wir deshalb an dieser Stelle die Muslime einfach auch nicht ungeschoren davon kommen:

„Sure 2, Vers 191: „Und erschlagt sie (die Ungläubigen), wo immer ihr auf sie stoßt, und vertreibt sie, von wo sie euch vertrieben; denn Verführung [zum Unglauben] ist schlimmer als Totschlag…"

Sure 2, Vers 193: „Und bekämpfet sie, bis die Verführung [zum Unglauben] aufgehört hat, und der Glaube an Allah da ist…" (Die „Ungläubigen" stellen wegen ihrer heidnischen Auffassung eine Verführung dar und müssen allein deshalb bekämpft werden.)

Sure 2, Vers 216: „Vorgeschrieben ist euch der Kampf, doch ist er euch ein Abscheu. Aber vielleicht verabscheut ihr ein Ding, das gut für euch ist, und vielleicht liebt ihr ein Ding, das schlecht für euch ist; und Allah weiß, ihr aber wisset nicht." (Gemeint ist der Kampf mit Waffen.)

Sure 4, Vers 74: „Und so soll kämpfen in Allahs Weg, wer das irdische Leben verkauft für das

Jenseits. Und wer da kämpft in Allahs Weg, falle er oder siege er, wahrlich dem geben wir gewaltigen Lohn.“ (Diesen „Verkauf“ ihres Lebens haben die Attentäter von New York offensichtlich vollzogen.)

Sure 4, Vers 76: „Wer da glaubt, kämpft in Allahs Weg, und wer da nicht glaubt, kämpft im Weg des Tagut. So bekämpfet des Satans Freunde. Siehe, des Satans List ist schwach.“

Sure 4, Vers 84: „So kämpfe in Allahs Weg; nur du sollst (dazu) gezwungen werden; und sporne die Gläubigen an…“

Sure 4, Vers 89: „Sie wünschen, dass ihr ungläubig werdet, wie sie ungläubig sind, und dass ihr ihnen gleich seid. Nehmet aber keinen von ihnen zum Freund, ehe sie nicht auswanderten in Allahs Weg. Und so sie den Rücken kehren, so ergreifet sie und schlagt sie tot, wo immer ihr sie findet; und nehmet keinen von ihnen zum Freund oder Helfer.“

Sure 4, Vers 92: „Ein Gläubiger darf keinen Gläubigen töten, es sei denn aus Versehen; und wer einen Gläubigen aus Versehen tötet, der soll einen gläubigen Nacken (Gefangenen) befreien…“ Dies ist ein Zitat, das den kriegerischen Zusammenhang eindeutig beweist, wie die folgenden Zitate, die aus einem Kriegshandbuch entnommen sein könnten.

Sure 5, Vers 52: „Oh Gläubige, nehmt weder Juden noch Christen zu Freunden." Siehe auch Sure 3, Vers 118: „Oh ihr, die ihr glaubt schließet keine Freundschaft außer mit euch..."

Sure 8, Vers 12: „,... Wahrlich in die Herzen der Ungläubigen werfe ich Schrecken. So haut ein auf ihre Hälse und haut ihnen jeden Finger ab."

Sure 8, Vers 39: „Und kämpfet wider sie, bis kein Bürgerkrieg mehr ist und bis alles an Allah glaubt.."

Sure 8, Vers 41: „Und wisset, wenn ihr etwas erbeutet, so gehört der fünfte Teil davon Allah und dem Gesandten und (seinen) Verwandten und..."

Sure 8, Vers 60: „So rüstet wider sie, was ihr vermögt an Kräften und Rossehaufen, damit in Schrecken zu setzen Allahs Feind und euern Feind und andre außer ihnen, die ihr nicht kennt, Allah aber kennt.

Sure 9, Vers 5: „Sind aber die heiligen Monate verflossen, so erschlaget die Götzendiener, wo ihr sie findet, und packet sie und belagert sie und lauert ihnen in jedem Hinterhalt auf. So sie jedoch bereuen und das Gebet verrichten und die Armensteuer zahlen, so lasst sie ihres Weges ziehen. Siehe, Allah ist verzeihend und barmherzig."

Sure 9, Vers 5: „Und wenn nun die heiligen Monate abgelaufen sind, dann tötet die Heiden, wo (immer) ihr sie findet, greift sie, umzingelt sie und lauert ihnen überall auf! …"

Sure 9, Vers 111: „Siehe, Allah hat von den Gläubigen ihr Leben und ihr Gut für das Paradies erkauft. Sie sollen kämpfen in Allahs Weg und töten und getötet werden… Freut euch daher des Geschäfts, das ihr abgeschlossen habt; und das ist die große Glückseligkeit."

Sure 9, Vers 111: „Gott hat den Gläubigen ihre Person und ihr Vermögen dafür abgekauft, dass sie das Paradies haben sollen. Nun müssen sie um Gottes Willen kämpfen und dabei töten oder (und) (selber) den Tod erleiden… Freut euch über (diesen) euren Handel, den ihr mit ihm abgeschlossen habt (indem ihr eure Person und euer Vermögen gegen das Paradies eingetauscht habt)! Das ist dann das große Glück."

Sure 9, Verse 44 und 45, Verse 90-93 besagen, dass nur Ungläubige um Erlaubnis bitten, nicht kämpfen zu müssen. Also: Wer nicht kämpft ist ungläubig, es sei denn, er ist schwach und krank.

Sure 9, Vers 41: „Ziehet aus, leicht und schwer, und eifert mit Gut und Blut in Allahs Weg." Es ist gemeint: „leicht und schwer bewaffnet".

„Eifern mit Gut und Blut in Allahs Weg – für den Islam" ist ein Passus, der oft im Koran erscheint und durchaus den militärischen Kampf meint. Im Kontext ist von Krieg, Kampf und Heerscharen die Rede. (z.B. Sure 9, Vers 81, 88, Sure 49, Vers 15, Sure 61 „Die Schlachtordnung", Vers 11)

Sure 9, Vers 52: „Sprich: 'Erwartet ihr (die Ungläubigen) etwa, dass uns nicht eins der beiden schönsten Dinge treffen wird (Sieg oder Märtyrertod)?' Und wir erwarten von euch (den Ungläubigen), dass euch Allah mit einer Strafe treffen wird, sei es von Ihm oder durch unsere Hand. Und so wartet; siehe wir warten mit euch." (Das ist die Strategie von Mili Göres.)

Sure 61 „Die Schlachtordnung", Vers 3 u. 4: „Großen Hass erzeugt es bei Allah, dass ihr sprecht, was ihr nicht tut. Siehe Allah liebt die, welche in seinem Weg in Schlachtordnung kämpfen, als wären sie ein gefestigter Bau."

Sure 4, Vers 104: „Und erlahmet nicht in der Verfolgung des Volkes (der Ungläubigen); leidet ihr, so leiden sie, wie ihr leidet.“

Sure 47, Vers 35: „Werdet daher nicht matt und ladet (sie) nicht ein zum Frieden, während ihr die Oberhand habt…“

Sure 5, Vers 38 (42): „Und der Dieb und die Diebin, schneidet ihnen ihre Hände ab als Lohn für ihre Taten. (Dies ist) ein Exempel von Allah, und Allah ist mächtig und weise.“

Es fing ja auch schon gut an:
Der Islam (das Wort bedeutet „Unterwerfung, Hinwendung“) begann seine Laufbahn mit Kriegen und Massakern. Der Getreue Mohammeds, Saad, fällte nach einer Schlacht im Jahre 627/28 über die gefangenen (jüdischen) Qurayza das Urteil, dass alle Männer hingerichtet, die Güter verteilt und die Frauen und Kinder Gefangene bleiben sollten. „Dies ist Gottes eigenes Urteil im siebten Himmel“, brach der Prophet (Mohammed) aus und gab sofort Befehl, das Urteil zu vollstrecken. (Er ließ sie einsperren) dann ging er auf einen Platz, der noch jetzt der Marktplatz von Medina ist, und ließ Gruben graben, dann ließ er sie truppweise vorführen und vor den Gruben hinrichten, es waren 800-900 Mann… Man fuhr

in dieser Weise fort, bis Mohammed mit allen fertig war. (Ibn Hischam II Seite 690)

„Das ist nichts anderes als ein Massaker", stellt Dr. Catharina Wenzel fest (in „Evangelische Theologie. Zweimonatszeitschrift" 5-2002, Seite 375 Gütersloher Verlagshaus GmbH, Postfach 450, D-33311 Gütersloh). Ein Religionsgründer, der Kriege führt und Massaker anordnet, ist als Friedensstifter nicht sehr glaubwürdig. Wenn Archäologen einmal auf dem betreffenden Marktplatz von Medina graben dürfen und die Toten würdig bestattet sind, kann man dem Islam eine Läuterung und Reformation zum Frieden hin abnehmen."

Der Koran greift den Abfall vom Glauben an mehreren Stellen auf: „Und wenn sie sich abwenden, dann greift sie und tötet sie, wo immer ihr sie findet, und nehmt euch niemand von ihnen zum Freund oder Helfer!" (4,89). Dieser Vers wurde als unmittelbare Anweisung zur Behandlung von Apostaten (Abgefallenen) aufgefasst und die Todesstrafe als eigentliches Strafmaß für Apostasie festgesetzt. Der berühmte, zur Apostasiefrage häufig zitierte Kairoer Theologe Muhammad Abû Zahra (1898-1974) spricht von drei Fällen, in denen über einen Muslim die Todesstrafe verhängt werden darf: bei Apostasie, bei

Unzucht nach rechtlich gültiger Eheschließung und bei Mord, der keine Blutrache ist (1).
Damit sollte dem Gedanken der Fairness ausreichend Rechnung getragen sein.

Liebe Leser: Ich möchte Sie darauf hinweisen, dass wir uns immer noch im Kapitel befinden, indem wir versuchen, zu ergründen, warum Religion mit Werten wie Ethik- und Moral, also „Gut", in Verbindung gebracht wird.
Haben Sie immer noch eine Erklärung oder gar eine ganz dreiste Rechtfertigung dafür?
Wir haben nun die Christen und die Muslime ziemlich hart ran genommen.
Wer weiß, vielleicht lachen sich nun die Juden in ihr Fäustchen. Das soll natürlich nicht sein!

Was hält der Gott der Juden von Gewalt? Ich möchte anmerken, dass dieser Gott in gleicher Weise auch der Gott der Christen ist. Der Gott des Islams bezieht sich, ich hoffe, Sie erinnern sich noch daran, natürlich generell auf die biblische, also jüdische- und christliche Story. Lediglich haben Menschen daran etwas „herumgedoktert" und nun, durch die Offenbarungen von Mohammed/ Erzengel Gabriel, ist es eben absolut wahr, was vorher eben auch wahr war, aber eben durch Menschen verfälscht.
Nun, damit die Juden auch auf ihre Kosten kommen:

„Tötet Frauen, Kinder und Tiere“

Ez 9:5-7
Und ich hörte wie er (Gott) zu den anderen sagte: (…) Schlagt zu! Euer Auge soll kein Mitleid zeigen, gewährt keine Schonung! Alt und Jung, Mädchen, Kinder und Frauen sollt ihr erschlagen und umbringen. (…) Er (Gott) sagte zu ihnen: Macht meinen Tempel unrein, füllt seine Höfe mit Erschlagenen! Dann geht hinaus und schlagt in der Stadt zu.

Num 31:1-17
Der Herr sprach zu Mose: Nimm für die Israeliten Rache an den Midianitern. (…) Sie zogen gegen Midian zu Feld, wie der Herr es befohlen hatte, und brachten alle männlichen Personen um. (…) Er (Mose) sagte zu ihnen: Warum habt ihr alle Frauen am Leben gelassen? (…) Nun bringt alle männlichen Kinder um und ebenso alle Frauen, die schon einen Mann erkannt und mit einem Mann geschlafen haben.

Josh 6:16-21
(…) Joshua sagte zum Volk: (…) Der Herr hat die Stadt (Jericho) in eure Gewalt gegeben. (…) Darauf erhob das Volk das Kriegsgeschrei, (…)

sie eroberten die Stadt. Mit scharfem Schwert weihten sie alles, was in der Stadt war, dem Untergang, Männer und Frauen, Kinder und Greise, Rinder und Schafe und Esel.

„Töten, Entführen und Sklaverei“

Josh 16:10
(...) So wohnen die Kanaaniter bis zum heutigen Tag mitten in Efraim, sie wurden aber zu Sklaven gemacht.

Hosh 17:13
Als die Israeliten jedoch stark geworden waren, zwangen sie die Kanaaniter zur Sklaverei. (...)

Ri 1:30
Lebulan konnte die Einwohner von Kitran und die Einwohner von Nahabal nicht vertreiben. Darum blieben die Kanaaniter mitten unter ihnen wohnen, aber sie wurden Sklaven.

Ri 21:10/11
(...) Geht hin und erschlagt die Einwohner von Jabesch-Gibead mit scharfen Schwert, auch Frauen und Kinder. So sollt ihr es machen: Alles, was männlich ist, und alle Frauen, die schon Verkehr mit einem Mann hatten, sollt ihr dem Untergang weihen.

„Frauenraub“

Ri 21:20-23
Und sie forderten die Benjaminiter auf: Geht hin und legt euch in die Weinberge dort auf die Lauer! Wenn ihr dann seht, dass die Töchter Schilos herankommen, um in den Reigen zu tanzen, dann kommt aus den Weinbergen hervor, und jeder von euch soll sich von den Töchtern Schilos eine Frau rauben. (…)

Die Benjaminiten machten es so. (…)

„Tötet sie und nehmt ihren Besitz“

Deut 20:10-16
Wenn du vor eine Stadt ziehst, um sie anzugreifen, dann sollst du ihr zunächst eine friedliche Einigung vorschlagen. Nimmt sie die friedliche Einigung an und öffnet dir die ihre Tore, dann soll die gesamte Bevölkerung, die du dort vorfindest, zur Sklavenarbeit verpflichtet und dir untertan sein. Lehnt sie eine friedliche Einigung mit dir ab und will sich mit dir im Kampf messen, dann darfst du sie belagern. Wenn dein Herr, dein Gott sie dir in die Gewalt gibt, sollst du alle männlichen Personen mit scharfem Schwert erschlagen. Die Frauen aber, die Kinder und Greise, das Vieh und alles, was sich sonst in der Stadt befinden, alles, was sich darin plündern lässt,

darfst du dir als Beute nehmen. (...) Aus den Städten dieser Völker jedoch, die dein Herr, dein Gott dir als Erbbesitz gibt, darfst du nichts, was Atem hat, am Leben lassen.

„Rache, Schwert und Feuer"

Hebr 12:29
Denn unser Gott ist verzehrendes Feuer.

Ps 94:1
Gott der Vergeltung, oh Herr, du Gott, der Vergeltung erscheine.

Ijob 7:21
Warum nimmst du mein Vergehen nicht weg, lässt du meine Schuld nicht nach?

Ez 11:8
Das Schwert fürchtet ihr, darum werde ich das Schwert über euch bringen – Spruch Gottes, des Herrn.

Am 9:1-4
(...) Ich zerschmettre allen den Kopf. Was dann von ihnen noch übrig bleibt, töte ich mit dem Schwert. Keiner von ihnen kann entfliehen (...). Und wenn sie vor ihren Feinden her in die Gefangenschaft ziehen, dann befehle ich dort dem Schwert sie zu töten.

Jer 49:37
Ich jage den Slamitern Schrecken ein vor ihren Feinden, vor allen, die die ihnen nach dem Leben trachten. Unheil lasse ich über sie kommen, meinen glühenden Zorn – Spruch des Herrn. Ich schicke das Schwert hinter ihnen her, bis ich sie vernichtet habe.

Ez 12:14
Alle, die bei ihnen sind und ihnen helfen wollen, alle seine Truppen zerstöre ich in alle Winde und ich zücke das Schwert hinter ihnen.

„Amputationen"

Deut 25:11/12
Wenn zwei Männer, ein Mann und sein Bruder miteinander raufen und die Frau des einen hinzukommt, um ihrem Mann aus der Gewalt des anderen, der auf ihn einschlägt, zu befreien, und wenn sie die Hand ausstreckt und dessen Geschlechtsteile ergreift, dann sollst du ihre Hand abhacken. Du sollst in dir kein Mitleid aufsteigen lassen.

„Amputier Dich zur Strafe selbst"

Mk 9:43-48

Wenn dich deine Hand zum Bösen verführt, dann hau sie ab; es ist besser für dich, verstümmelt in das Leben zu gelangen, als mit zwei Händen in die Hölle zu kommen, in das nie erlöschende Feuer.

Und wenn dich dein Fuß zum Bösen verführt, dann hau ihn ab; es ist besser für dich, verstümmelt in das Leben zu gelangen, als mit zwei Füßen in die Hölle geworfen zu werden.

Und wenn dich dein Auge zum Bösen verführt, dann reiß es aus; es ist besser für dich, einäugig in das Reich Gottes zu kommen, als mit zwei Augen in die Hölle geworfen zu werden.

„Samson mordet und zerstört“

Ri 14:19
Und der Geist des Herrn kam über ihn (Samson), (…) er ging nach Aschelon hinab und erschlug 30 Mann von ihnen.

Ri 15:5
Er (Samson) zündete die Fackeln an und ließ Füchse in die Getreidefelder der Philister laufen. So verbrannte er die Garben und das noch stehende Korn, ebenso die Weingärten und die Ölbäume.

Man bedenke:

Matthäus 5 Vers 17: Jesus Stellungnahme dazu (also der Super… na ja, lassen wir das):
„Ihr sollt nicht meinen, dass ich gekommen bin, das Gesetz oder die Propheten aufzulösen; ich bin nicht gekommen aufzulösen, sondern zu erfüllen. Denn wahrlich, ich sage euch: Bis Himmel und Erde vergehen, wird nicht vergehen der kleinste Buchstabe noch ein Tüpfelchen vom Gesetz, bis es alles geschieht. Wer nun eines von diesen kleinsten Geboten auflöst und lehrt die Leute so, der wird der Kleinste heißen im Himmelreich; wer es aber tut und lehrt, der wird groß heißen im Himmelreich."

Tut mir wirklich leid, liebe Christen. Diesen Hieb musste ich euch doch noch versetzen. Jesus hat nichts aufgehoben!

Wir haben nun umfangreich Zitate gelesen, aus der Bibel (AT + NT) und dem Koran, welche nicht gerade sonderlich „friedlich" klingen. Tiefgläubige Menschen nehmen ihre „heiligen Schriften" wörtlich. Was bedeutet das eigentlich?

Die meisten dieser Zitate erfüllen nach deutschem Recht den Tatbestand der Anstiftung zu Verbrechen, §30 StGB, oder der öffentlichen Billigung einer Straftat, § 140 StGB.

Liebe Leser, haben Sie eigentlich durchgehalten bis hierher? Ganz ehrlich? Haben Sie herausgefunden, warum diese abrahamitischen Religionen für sich beanspruchen, für „Friede/ Moral/ Gut", zu stehen? Falls ja, denke ich, haben Sie gerade das Märchen vom Lügenbaron, der auf einer Kanonenkugel ritt, gelesen. Ganz bestimmt nicht die letzten Seiten meiner Lektüre!

Fazit: Sowohl durch die praktischen Taten, welche mit den zugrunde liegenden heiligen Texten, begründet werden, als auch theoretisch, können die Religionen, Judentum, Christentum und Islam nicht „gut" sein. Das ist völlig unmöglich, liebe Leser. Einfach ausgeschlossen, Kraft Auslegung der zugrunde liegenden „heiligen Schriften."

Ich gehe davon aus, Sie können lesen und verstehen auch, was Sie gelesen haben. Deshalb: Diese Religionen sind böse und haben von Beginn an nur Schrecken und Bösartigkeit praktiziert und verbreitet!
Es wird an dieser Stelle natürlich immer noch die „unverbesserlichen Blauaugen" geben, welche nun das Notregister ziehen:
„Die Kirchen leisten Sozialarbeit durch alle gesellschaftlichen Bereiche, wie Schulen, Alten-

heime, Pflegeeinrichtungen, Kindergärten, Behindertenbetreuung und dergleichen."
Schön. Wollen wir prüfen, ob diese Argumentation einer genauen Analyse wirklich standhält.
Sie wissen, dass Angehörigen des protestantischen und katholischen Glaubens in Deutschland die Kirchensteuer vom Finanzamt mit der Einkommenssteuer abgehalten wird.
Die Finanzämter leiten diese Gelder weiter an die beiden großen Kirchen in Deutschland – mit Verwaltungsaufwand und erheblichen Kosten.
Wozu verwenden die Kirchen ihre Einnahmen aus der Kirchensteuer?
Viele glauben, der Großteil der Kirchensteuer komme sozialen Zwecken zugute. Das ist jedoch falsch: In Wirklichkeit werden zwei Drittel der Kirchensteuer für die Bezahlung von Pfarrern und Kirchenpersonal verbraucht. In keinem anderen Land der Welt verdienen Pfarrer so viel wie bei uns: etwa 4.000 Euro im Monat. Ihre Besoldung und Versorgung entspricht der eines Regierungsdirektors.
Bischöfe werden aus öffentlichen Steuermitteln bezahlt und beziehen rund 7.700 Euro, Erzbischöfe sowie der evangelische Landesbischof sogar fast 10.000 Euro. Für öffentliche soziale Zwecke bleiben – selbst nach kirchlichen Angaben – nur höchstens 8 %, wahrscheinlich sogar nur 5 % der Kircheneinnahmen übrig, der Rest wird größtenteils für Kirchenbauten und Verwaltungszwecke

verwendet. Die Kosten von kirchlichen Schulen, Kindergärten, Krankenhäusern, Altenheimen etc. werden fast ganz – zwischen 85 und 100 Prozent – aus öffentlichen Steuermitteln finanziert oder von Elternbeiträgen, Krankenkassen etc. gedeckt.
Sparen die Kirchen dem Staat Geld?
Im Gegenteil. Die beiden christlichen Großkirchen hatten im Jahr 2000 knapp 9 Mrd. Euro Einnahmen aus Kirchensteuern (ein irreführender Begriff: in Wirklichkeit handelt es sich um Mitgliedsbeiträge). Davon gaben die Kirchen etwa 600 Millionen Euro für öffentliche soziale Zwecke aus – nur ein Tropfen im Meer der Sozialkosten des Bundes.
Andererseits subventioniert der Staat (Bund, Länder und Gemeinden) aufgrund von teilweise 200 Jahre alten Verträgen rein innerkirchliche Anliegen (z.B. Religionsunterricht, Militärseelsorge, Bischofsgehälter, Priester- und Theologenausbildung an den theologischen Fakultäten usw.) der Kirchen jährlich mit ca. 20 Mrd. Euro. Allein der Verzicht des Staates auf ihm zustehende Einnahmen schlägt dabei mit etwa 10,3 Mrd. Euro zu Buche. Die laufenden Kosten für kirchlich geführte Krankenhäuser sind in diesen Zahlen nicht enthalten: sie werden von den Versicherten bzw. deren Krankenkassen getragen. Entsprechendes gilt für kirchlich geführte Altenheime.
Wohlgemerkt: es handelt sich hier um allgemeine Steuergelder, die von Atheisten, Moslems und

Juden genauso aufgebracht werden müssen, wie von Christen – aber nur die Christen profitieren davon. Um die Höhe dieser öffentlichen Subventionierung der Kirchen zu verdeutlichen: für Verkehr und Wohnungswesen sind im Bundeshaushalt für 2010 insgesamt 26,3 Mrd. Euro angesetzt. Der Staat kann seinen finanziellen Verpflichtungen z. Zt. kaum noch nachkommen. Die Rentenkassen brauchen hohe Staatszuschüsse, um die Renten der Versicherten zahlen zu können. Da ist es umso schwerer zu verstehen, dass die exorbitant hohe Subventionierung der christlichen Großkirchen aus der politischen Diskussion herausgehalten wird, dass zwar alle deutschen Politiker von Subventionsabbau reden, aber alle das Thema Subventionierung der Kirchen totschweigen. Dabei sind die Tatsachen und die Zahlen sorgfältig recherchiert (s. das Buch von Carsten Frerk „Finanzen und Vermögen der Kirchen in Deutschland“, ISBN 3-93270-39-8).

Merkwürdigerweise behaupten trotz der massiven Subventionierung der christlichen Großkirchen die meisten Politiker, wir hätten einen säkularen Staat, in dem Staat und Kirche getrennt seien.

Und Ihre Konsequenz?

Sind Sie gläubiger Kirchen-Christ; wünschen Sie die politische Macht der Kirchen (z.B. bei Schwangerschaftsabbruch oder Sterbehilfe) und die weltweit einmaligen materiellen Vorrechte

der Kirchen? Dann unterstützen Sie die Kirchen zu Recht mit Ihren Kirchensteuern.
Aber man kann auch ohne Kirche ein guter Mensch sein. Würden Sie heute von sich aus in die Kirche eintreten, wenn Sie nicht schon als Säugling ohne eigenes Zutun hineingetauft worden wären? Ist Ihnen bewusst, dass Kirchensteuerzahler insgesamt etwa ein Jahr ihres Lebens nur für die Kirche arbeiten?"
Quelle: http://www.ibka.org/infos/ksteuer.html
Wissen Sie was, liebe Leser: Wir haben unsere Frage ganz vergessen! Sie müssen mich auch ab und zu daran erinnern, dass ich mit dieser Lektüre versuchen möchte, ganz gesondert und abschließend herauszufinden, ob es diesen Schöpfergott denn nun gibt oder nicht. Sie wissen, bisher ist es nicht gelungen. Das kann jedoch nicht sein! Das ganze Leben ist geprägt von diesem Schöpfergott, wie wir gerade gelesen haben, auch das Leben von Nichtgläubigen!
Bitte seien Sie absolut ehrlich!

Gibt es den abrahamitischen Gott?

Antwort a: Ja – zu 100%.
Antwort b: Ich bin mir nicht sicher, gehe aber davon aus.
Antwort c: Ich bin mir nicht sicher, glaube es aber eher nicht.
Antwort d: Nein – den gibt es garantiert nicht.

So – ich habe mein Kreuzchen gesetzt und die Frage beantwortet. Natürlich werde ich ihnen meine Antwort nicht verraten. Ich will sie nicht beeinflussen!
Liebste „Blauaugen“ – eure letztmögliche Argumentationsmöglichkeit für das „Gute“ hat sich nun in „Nichts“ aufgelöst.
Die Gläubigen, die sich bisher nicht verabschiedet haben, sollten es jetzt spätestens tun!
Jetzt geht es an die „Harten“ dieser Welt, zu denen ich leider nicht gehöre, wie ich bei der Abschlachtung der Indianer wegen Vatikan-Gold, feststellen musste. Ich wollte eine Horror-Geschichte in diesem Abschnitt darstellen, welche sich auch wirklich so abgespielt hat. Ich habe mir dies aber auch bildlich vorgestellt. Danach konnte ich nicht mehr an diesem Abschnitt weiter schreiben.
Ich bin nun verzweifelt. Wir wollten doch Vorteile für den Glauben an den abrahamitischen Gott herausarbeiten. Wir wollten doch das „Gute“ herausarbeiten, auf dass sich diese Gläubigen immer berufen. Wir wollten doch bestätigt wissen, dass diese Religionen, Judentum, Christentum und Islam – völlig zu Recht – für sich beanspruchen, die Werte, Ethik und Moral, gepachtet zu haben.
Was ist denn geschehen?
Das Gegenteil! Was versprechen uns diese Religionen? Ein Paradies! Wir sollen uns vor dem

Tod fürchten. Wir wissen doch bereits, dass es überhaupt nicht notwendig ist, sich vor dem Tod zu fürchten. Wer kommt denn in dieses Paradies? Nur der, der sich bedingungslos der jeweiligen „Allmacht“ unterordnet und auch Menschen tötet, die dies nicht tun. Wir wissen aber auch: Warum sollte eine Allmacht/ Allwissenheit so erpresserisch, also typisch menschlich, agieren?
Wir wissen sogar, dass der Holocaust nur möglich war, durch diesen neutestamentlichen Glauben. (Wissen Sie eigentlich, dass kurz nach Ende des zweiten Weltkrieges das Grundgesetz formuliert wurde und bereits in der Präambel wieder „Gott“ erwähnt wird, welcher kurz zuvor ca. Sechsmillionen Juden das Leben gekostet hat?).
Ich gebe jetzt auf! Ich kann nichts „Gutes“ finden!
Was spricht eigentlich gegen diesen Glauben? Was ist „Schlecht“ daran?
Ich wusste es doch gleich! Sie beschäftigen sich immer noch mit dem Baron Münchhausen! Sie haben einfach die ganzen letzten Seiten und den ganzen Horror und das ganze Leid und Elend, die Tötungen, die Scheinheiligkeit, die Erpressung, die Unterdrückung, die Perversität, die Absurdität, die Gewalt – sprich einfach alles, nicht gelesen!
Sind Sie denn wenigstens jetzt wieder bei mir und meiner Lektüre? Ich muss es schließlich genauso aushalten, wie Sie!

Danke!

Wir möchten uns also jetzt damit beschäftigen, was gegen diesen Glauben spricht, obwohl wir bereits nichts herausfinden konnten, was für ihn spricht. Das ist wirklich lustig!
Wir haben herausgefunden, dass sich das Judentum, Christentum und der Islam nur mit Gewalt durchsetzen konnte. Keineswegs durch „göttliche“ Überzeugungskraft.
Nun gut. Hat sich das gebessert? „Überzeugt“ Gott nun besser und humaner?
Liebe Christen, dass Karl der Große das Christentum mit dem Schwert durchgesetzt hat, wissen Sie, denke ich? Was wäre gewesen, hätte er als kleines Kind nicht dem Papst geschworen, das so zu machen? Wäre Deutschland dann auch „christlich“ geworden? Unsere Politik ist immer lustig: Die „christlichen Werte“ zu betonen. Was haben wir denn gelernt über „christliche Werte?“ Ganz kurz: Durchgesetzt mit dem Schwert. Erst kürzlich sind durch „christliche Werte“ ca. Sechsmillionen Juden getötet worden.
Versuchen wir doch einfach mal herauszufinden, ob es aktuell immer noch Missionskriege und religiös motivierte „Verteidigungskriege“ gibt.
Liebe Gläubige, ich habe Sie bereits gewarnt! Diese Lektüre eignet sich nur für ganz harte Menschen! Nicht für Scheinheilige!

Nun, ich fange einfach mal so an: Es gibt so ein tolles Gebot, welches für das Judentum, Christentum und Islam in gleicher Weise gilt:
„Du sollst nicht töten“
Ich möchte jetzt endgültig auch dem letzten „Blindfisch“ und dem letzten „Blauauge“ mal verdeutlichen, was das heißt:
Es gibt eine Verordnung, die da lautet: Jeder „soll“ einen Anspruch auf ein Girokonto haben!
Wer soll denn nicht getötet werden? „Soll“ ist eindeutig eine Kann-Vorschrift!
Hätte es nicht heißen müssen: „Du darfst nicht töten?“
Wissen Sie eigentlich, warum da „soll“ steht? Es geht nur um diejenigen, die nicht getötet werden sollen, welche sich bedingungslos „ ihm“ unterwerfen. Alle anderen dürfen durchaus getötet werden. Liebe Gläubigen, redet euch bitte nicht heraus! Es ergibt keinen Sinn! Falls ihr doch meint, es ergäbe einen, träumt ihr offensichtlich immer noch vom Lügenbaron Münchhausen und dem Kanonenritt!
Alle drei abrahamitischen Religionen unterscheiden zwischen „Rechtgläubigen“ und „Ungläubigen“.
Nur den „Rechtgläubigen“ wird ihr Seelenheil im Jenseits zugestanden. „Ungläubige“ landen in der ewigen Verdammnis.

Ganz besonders den drei großen abrahamitischen Religionen dient die „Bekehrung zum Rechtglauben“ als Motiv zur Relativierung des Gebotes „Du sollst nicht töten“ – auch heute noch, tagtäglich. Nicht mehr vor ihrer Haustür in Deutschland. Aber in Afghanistan, Naher Osten, Teile Afrikas, Teile Asiens, Teile Indiens und Pakistans und viele Gebiete mehr. Es hat sich nichts geändert, liebe Leser!
Wie sollte sich das auch ändern? Wir haben doch bereits Auszüge in den „heiligen Texten“ aller dieser drei Religionen gelesen. Diese „Forderungen“ sind eindeutig und erzwingen Krieg/ Gegenkrieg für alle Zeiten!
Wir können also nur zu einem eindeutigen Ergebnis kommen: Diese drei Religionen bringen keinerlei Vorteile. Dafür aber jede Menge Nachteile, wie die Unüberwindbarkeit von Krieg, bedingt durch diese Religionen!
Liebe Leser: Das soll tatsächlich der Wille einer „Allmacht/ Allwissenheit“ sein?
Bereits heute ist unbestritten, dass die biblische Schöpfungsgeschichte nicht den Tatsachen entspricht.
Dennoch: Es gibt diesen Schöpfergott?
Wussten Sie eigentlich, dass sehr viele Geschichten aus der Bibel einfach nur von vorherigen Mythen abgeschrieben worden sind mit Modifizierungen auf monotheistisch?

Nein? Die biblische Sintflut ist beispielsweise nahezu eine 1:1 Kopie aus dem Gilgamesch Epos. Wir wissen nun also, dass viele Schilderungen der Bibel definitiv falsch sind (biblische Schöpfungsgeschichte einmal vorne an gestellt), einige Geschichten sind einfach kopiert von anderen, vorherigen Religionen/ Philosophien und manche Personen/ Handlungen kann es überhaupt nicht gegeben haben – nehmen wir beispielsweise den biblischen Exodus (Moses), für den kein einziger Beleg in der Wüste Sinai gefunden werden konnte.

Aber dennoch, liebe Juden, Christen und Muslime in exakt der gleichen Entsprechung:

Irgendwie ist trotzdem alles wahr? Euren Schöpfergott gibt es? Wenn doch so ziemlich alles fragwürdig bis unmöglich und abgeschrieben ist in euren heiligen Texten?

Ihr unterstellt einem „allmächtigen/ allwissenden Schöpfergott“ allen Ernstes, dieses Wesen wäre ein Erpresser? Nun, dann bin ich aber froh, nicht zu den Gläubigen zu gehören. Das ist für mich Gotteslästerung (Blasphemie)!

Richard Dawkins, ein Evolutionsbiologe, brachte mit dem Buch, „Der Gottes-Wahn“, ein sehr interessantes Werk in den Handel, welches sich mit der Existenz/ Nichtexistenz Gottes beschäftigt. Dieses Buch kann ich jedem nur empfehlen, weil viele Aspekte sehr detailliert aus der Sicht eines Wissenschaftlers behandelt werden.

Das Wort „Gottes-Wahn“ hat es mir ganz besonders angetan. Ich bin persönlich davon überzeugt, dass es sich nur um Wahn handeln kann, wenn man von der Existenz dieses abrahamitischen Gottes überzeugt ist.
Wir haben doch bereits gelesen, wie widersprüchlich dieser Gott ist. Man kann genauso sagen: Dieser Gott ist im hohen Maße schizophren! Er ist krank im Gehirn!
Wissen Sie, liebe Leser, was mich an diesen drei Religionen wirklich abgrundtief stört?
Die Gewalt! Jede, dieser drei Religionen fordert ausdrücklich Gewalt! Kommt Ihnen denn nie der Verdacht, dass dies so gewollt sein kann/ konnte?
Gewollt sein für die Begründung der Juden: Das heilige Land gehört uns!
Gewollt sein für die Palästinenser: Das heilige Land gehört uns!
Gewollt sein für die Amerikaner: Das Öl gehört uns!
In allen Texten dieser drei Religionen wird Gewalt angewendet und auch gefordert! Gewalt, als legitimes Mittel!
Liebe Leser: Sind Sie verrückt, so etwas zu tolerieren?
Diese drei Religionen haben nichts anderes gebracht als Gewalt, Schrecken, Leid, Krieg, Unterdrückung, Sklaventum, Ausbeutung – kurz: Alles erdenklich Böse!

Wie also kann so etwas mit „Gut“ bewertet werden? Ein Geheimnis, welches ich beim besten Willen nicht entschlüsseln kann. Höchstens dadurch, dass der Mensch von Natur aus ein grauenvolles Wesen ist und eben eine Begründung benötigt, seine Gewalt-Perversitäten auszuleben.
Was wissen wir eigentlich bist jetzt über die Existenz/ Nichtexistenz dieses Schöpfergottes?
Wir wissen eines ganz sicher: Sollte dieser Schöpfergott existieren, kann er nicht gut sein, sondern muss zwingend böse sein.
Das alleine schließt aus meiner Sicht die Existenz eines „allmächtigen/ allwissenden Schöpfergottes“ bereits aus. Denn: Was hätte eine Allmacht/ Allwissenheit davon, böse zu sein? Das ist grotesk!
Es muss aber irgendwie auch möglich sein, die Nichtexistenz eines Schöpfergottes mit absoluter Gewissheit zu beweisen. Zum Wohle der Menschheit, halte ich das für notwendig!

Damit kommen wir zum letzten Kapitel meiner kleinen Lektüre:

Es existiert kein Schöpfergott – der Beweis!

Stellen Sie sich vor, Sie schauen in den Spiegel. Sie sehen sich dann quasi sofort. Nun stellen Sie diesen Spiegel einmal ein Lichtjahr von Ihnen

entfernt auf. Sie sehen sich dann ein Jahr später, ein Jahr jünger. Seltsam, oder?
Wir haben in dieser Lektüre gelernt, dass der Gott der Juden, der Christen und des Islams zwingend Schöpfergott sein muss. Verliert er diese Eigenschaft, verliert er zwingend seine Existenz.
Dieser Gott ist also der Schöpfer von allem! Auch der Schöpfer der Zeit! Es gab also vor ihm keine Zeit. Woher hatte er dann überhaupt die Zeit, die Zeit zu „schöpfen“?

Wussten Sie eigentlich, dass die Zeit auf einem Berg schneller vergeht, als im Tal? Das bezieht sich jetzt nur auf minimale Schwankungen für, gemessen an der Unendlichkeit, minimale Höhenunterschiede.

Es ist seit Einstein und der Relativitätstheorie bewiesen, dass es Zeit als Konstante nicht geben kann.

Nur der Tatsache, dass die Erde sehr klein und vor allem relativ flach ist haben wir es zu verdanken, dass wir eine allgemeingültige, für alle Menschen messbar „gleiche“ Zeit, erfinden konnten.

Ich habe einen außerordentlich interessanten Artikel zum Thema Zeit gefunden, den ich Ihnen nicht vorenthalten möchte:

„In seinen letzten Tagen in Princeton liebte Einstein Spaziergänge mit einem ihm geistig ebenbürtigen Menschen: *Kurt Gödel*, einer der größten Mathematiker des 20. Jahrhunderts. Gödel hatte unter anderem bewiesen, dass es in der Mathematik trotz höchster Präzision der Voraussetzungen und Axiome immer wieder Aussagen geben wird, die wahr sind, innerhalb ihres Systems aber nicht bewiesen werden können. Und, wie der Physiker Freeman Dyson von der Princeton University feststellte: „Gödel war der einzige von uns, der sich mit Einstein auf gleicher Augenhöhe bewegte.“

Die enge und lange Freundschaft zwischen Kurt Gödel und Albert Einstein zählt zu den bedeutendsten des 20. Jahrhunderts. Beide lebten, nachdem sie das nationalsozialistische Deutschland und Österreich verlassen hatten, im wissenschaftlich-intellektuellen Eldorado Princetons. Fast täglich spazierten sie gemeinsam vom „Institute for Advanced Studies“ nach Hause und waren sich in vielen Ansichten über Physik, Philosophie und Politik einig, so z.B. über die einstmals so allseits bewunderte deutsche Wissenschaft, die nun unwiederbringlich verloren war.

Vor diesem Hintergrund verblüffte Gödel 1949 mit einem erstaunlichen Resultat. Er nahm sich Einsteins Formeln zur Allgemeinen Relativitätstheorie vor und fand eine erschreckende Lösung: „In jedem Universum, das sich mittels der Relativitätstheorie beschreiben lässt, gibt es keine Zeit.“ Ein Satz wie ein Fallbeil, denn Gödel behauptete damit nichts Geringeres als die Nichtexistenz der Zeit. Dazu kam er, weil er ein rotierendes Universum annahm (wobei man sich kaum vorstellen kann, worum sich das Universum dreht, weil es ja als Ganzes rotiert). In einem solchen Universum gibt es geschlossene Zeitlinien, was bedeutet, dass man in die Vergangenheit reisen kann, mit all den logisch absurden und physikalisch unmöglichen Konsequenzen. Wegen dieser Eigenschaft kann keine Zeit vergehen (die Vergangenheit ist ja immer noch da), also gibt es keine Zeit.

Einstein war darüber sehr bestürzt, stimmte Gödel aber dennoch zu, weil es ihm nicht gelang, Gödels schockierenden Satz zu widerlegen, woran sich bis heute nichts geändert hat. Doch merkwürdigerweise betreiben selbst die heutigen Kosmologen und Philosophen ihre Arbeiten so, als hätte Gödel jenen Beweis nie geführt. Ein ebenso rätselhafter wie skandalöser Befund. Mehr dazu in dem Buch von Palle Yourgrau: „Gödel, Einstein und die Folgen Vermächtnis einer ungewöhnlichen Freundschaft“.
Quelle:
http://www.pm-magazin.de/de/wissensnews/wn_id1138.htm

Mit absoluter Gewissheit kann davon ausgegangen werden, dass es keine definitive, absolute Zeit gibt.
Die Existenz eines Schöpfergottes setzt die Existenz einer definitiven Zeit allerdings voraus, in dem „Am Anfang…“ beschrieben wird. Dieser Anfang ist ein definitiver Zeitpunkt, welchen es mit absoluter Sicherheit aber nicht geben kann.
Folglich ist die Existenz des jüdischen, christlichen und islamischen Schöpfergottes mit Sicherheit ausgeschlossen!
Erinnern Sie sich noch an unser Fragespiel?
Wie ist Ihre Antwort jetzt?

Weitere Informationen über Bücher aus dem Machtwortverlag erhalten Sie im Internet unter:
http://www.machtwortverlag.de
Bei Interesse fragen Sie Ihren Buchhändler!

Machtwortverlag
Orangeriestr. 31
06847 Dessau
Tel./Fax: 0340-511558
e-mail: machtwort@web.de